Développez vos compétences émotionnelles

Éditions d'Organisation
Groupe Eyrolles
61, bd Saint-Germain
75240 Paris cedex 05

www.editions-organisation.com
www.editions-eyrolles.com

Dans la même collection :

Stéphane Demilly *Manager avec l'approche Herrmann*
Séverine Denis *Avoir de la repartie dans sa vie professionnelle*
Sylvie Grivel *Être soi dans ses relations*
Chilina Hills *Cultivez votre charisme*

© Groupe Eyrolles, 2010
ISBN : 978-2-212-54626-2

Gilles CORCOS

Développez vos compétences émotionnelles

EYROLLES
Éditions d'Organisation

À mon père, Albert Corcos, pour son affection,
pour ce qu'il a été, ce qu'il est encore aujourd'hui
et ce qu'il sera toujours.

Remerciements

Je tiens à remercier François Arfel pour sa simplicité, son écoute et pour m'avoir incité depuis le début à écrire ce livre, Yves Sida pour son appui permanent, Alain Curabet pour la force de ses valeurs...

Je remercie Élodie Bourdon pour la profondeur de son regard et pour m'avoir fait confiance, Corinne Vilder pour ses confrontations lumineuses et ses talents qu'elle ne soupçonne pas encore, Catherine Cornu pour la finesse de ses retours et la rigueur de ses apports, Dominique Retourné pour sa complicité et les nombreux partages enrichissants.

Je suis reconnaissant à Elisabeth More pour son implication et sa capacité d'initiative professionnelle et personnelle, à Fabrice Croiseaux pour sa profondeur, ses valeurs et le courage récompensé par des relations professionnelles souvent gagnant/gagnant, à François Bocci, Alain Pucar et Michel Sanitas pour leur capacité à entreprendre chaque fois de nouveaux projets et l'intelligence de leurs relations, à Jean-Paul Tessiereau pour son implication personnelle dans ce qu'il entreprend et sa vivacité d'esprit.

Un grand merci à Daniel Goleman pour son ouverture d'esprit et Joshua Freedman pour la sincérité de ses propos que j'ai eu la chance de connaître lors d'une inoubliable rencontre... et à tous les participants, auditeurs, inspirateurs et individus qui savent que nous sommes bien plus que nos connaissances et qui contribuent à nous faire découvrir notre véritable potentiel et à nous permettre de vivre pleinement et sereinement la vie qui s'ouvre à nous.

*« Ne t'excuse jamais d'avoir laissé paraître tes sentiments,
car ce serait t'excuser de la vérité. »*
Benjamin Disraeli

Sommaire

Avant-propos

Dans cet ouvrage, je m'exprime de diverses parties de moi-même : non pas de celui qui sait, mais plutôt de l'apprenti, du questionneur, de l'explorateur, de l'enfant, du personnage cognitif et intuitif, de celui qui accepte son ambivalence pour trouver son unité, de la foi en la Vie et en l'intelligence de la nature, de la conviction que le sens est présent dans chaque situation, chaque expérience, chaque instant de notre vie.

Je m'exprime à partir du naïf conscient qui accepte de faire table rase, dans une insécurité empreinte de curiosité, de la conviction que les réponses d'hier ne peuvent être celles de demain, du sentiment qu'il faut partir d'ailleurs pour aller plus loin...

Enfin, je m'exprime pour partager des réponses qui correspondent non seulement aux demandes, mais aux besoins à peine perceptibles des professionnels. Je m'adresse à eux dans leurs difficultés actuelles, dans leur quête de sens, mais aussi dans leur plaisir à explorer leur intelligence émotionnelle, à la stimuler, à l'éprouver, à l'approfondir, à l'utiliser, à la remercier.

J'incarne ce que je dis en acceptant d'être en même temps un expert et un apprenant, en acceptant de me tromper, sachant et ignorant, en sachant aussi que notre évaluation du « vrai » et du « faux » est bien relative à notre histoire, à notre culture, à nos différences.

Je prends le risque de ne pas satisfaire tous le monde, de ne pas être compris, d'être différent, d'être libre.

J'exprime ma différence, en comprenant qu'elle n'est qu'un aspect de ma rencontre avec celui qui me lit, que notre recherche est la même avec une différence d'espace et de temps, une différence de croyance.

Je sais que ma perception n'est qu'un aspect d'une réalité bien plus vaste, bien plus profonde, bien plus complexe, et qu'elle doit savoir passer le relai à mon intelligence élargie et multiple.

Cet ouvrage parle de mes émotions, de mes interactions profession-nelles, de mon intelligence, de mes limites, de mes découvertes, de ce que j'apprends, de ce que je perçois... Comment pourrais-je prétendre parler d'autre chose que de moi ? Et ce, à un moment donné de mon cheminement.

L'intelligence émotionnelle est progressivement accessible à travers les axes de progrès que sont le « quoi », le « comment » et le « pour-quoi ». Le « quoi », c'est nos émotions, le « comment » représente nos compétences et le « pourquoi » est évoqué par le sens que nous donnons à nos actes et plus généralement à notre vie. Chaque axe est complémentaire des autres.

Les émotions m'apportent tous les jours des informations pour me rappeler ce que je vis, ce que j'éprouve, ce dont j'ai besoin et comment je peux y répondre pour être libre.

Les compétences me proposent des angles de vue, des aspects, des orientations pour me connaître, me construire, me développer, me transformer ; pour être présent, pour vivre pleinement ma relation aux autres en résonance avec mes premières relations et en visuali-sant celles qui, actuellement, me conviennent ; pour répondre présent à ce que je pense, dis ou fais et en assumer pleinement la responsabilité ; enfin, pour découvrir l'optimum de mon expérience chaque jour, pour redécouvrir, assumer, dépasser mes blessures, pour partager mon expérience et la mettre au service des autres, au service de l'autonomie de chacun, au service de celui qui s'interroge, qui se cherche, qui se découvre.

Le sens m'incite à donner une direction à ma vie et à mon activité ; pour apprendre que mon intelligence ne s'exprime pas seulement au niveau du mental, mais aussi au niveau de mes émotions et dans mon corps ; que je peux me questionner et écouter mon intelligence s'exprimer ; qu'il n'y a pas un moment plus propice qu'un autre pour demander à mon intelligence son regard.

J'ai appris en trébuchant, en tombant, en me perdant sur des chemins qui ne mènent nulle part. Je veux que mon expérience serve à ceux qui se posent les mêmes questions, pour le plaisir de les voir avancer, se retrouver, se dépasser, aller un peu plus loin. J'ai envie de continuer à le faire car le risque en vaut la peine. Tomber n'est ni facile ni agréable, mais comment apprendre, comment explorer de nouveaux chemins, comment apprendre à se relever, à continuer à marcher, à courir, empli de joie si l'on choisit de rester prudent, si l'on hésite sur où mettre les pieds ?

J'aime la philosophie, la spiritualité, la science, la psychologie, la pédagogie et je n'ai pas envie de choisir. Mon intelligence a besoin de se nourrir partout où il y a des idées. Je n'ai pas envie de choisir entre la connaissance et l'expérience, entre ma connaissance et mon expérience, chacune me permet de cheminer, de progresser dans ma direction.

■ COMMENT EST ORGANISÉ CET OUVRAGE ? COMMENT L'UTILISER ?

Chaque chapitre contient les éléments suivants :

EN DÉBUT DE CHAPITRE

L'objectif du chapitre exprime les idées importantes qui vont être développées et vous permet de faire une lecture rapide.

DANS LE FIL DU TEXTE

Les *exemples* permettent d'illustrer le propos et de faciliter l'intégration des concepts abordés.

Les *pratiques de coach* donnent des idées d'exercice ou d'utilisation des différents concepts.

Les *encadrés* permettent de sortir de la pratique pour s'évader et relier notre intelligence émotionnelle à différents domaines de connaissance.

À LA FIN DE CHAQUE CHAPITRE

La *synthèse* reprend les idées clés du chapitre, pour ancrer sa lecture.

Les *questions/réponses individuelles* sont soit les questions qui ont été posées par des participants aux séminaires, coachings, soit des questions utiles qui n'ont pas été intégrées dans le corps du chapitre.

Les *questions/réponses entreprises* sont les questions posées par des participants aux séminaires intra-entreprise et ou qui concernent l'entreprise.

Les *questions d'entraînement* vous permettent de tester votre niveau d'intégration de ce que vous avez lu et de reformuler avec vos mots les réponses à un choix de questions importantes.

Les *exercices d'illustration* vont plus loin et vous permettent de vous entraîner à développer les trois principaux axes de votre intelligence émotionnelle.

Introduction

« Lorsque je m'accepte moi-même tel que je suis, alors je peux changer ; c'est là un bien étrange paradoxe. »
Carl Rogers

Comment devenir un acteur dans notre système, dans notre environnement professionnel ? Que signifie « acteur émotionnel » ? Est-ce que le manager pourra rester longtemps sans maîtriser son expérience intérieure, sa vie affective ? Pourra-t-il diriger ou manager dans une entreprise et un environnement qui se complexifient tous les jours, sans prendre en compte l'intelligence de ses émotions ?

Le propos de cet ouvrage est de sensibiliser les professionnels à la maîtrise de leur vie, de leur carrière professionnelle. De les amener à se poser des questions sur leur manière d'être, leur manière de travailler et leur manière de vivre.

Le propos de cet ouvrage est aussi de nous expliquer qu'avoir un instrument performant ne suffit pas pour exceller dans notre activité, que notre intelligence cognitive ne suffit pas pour s'accomplir.

Il est aussi de dire que nous avons besoin d'apprendre à nous servir de nos émotions, et de le faire d'une manière consciente. De trouver ce qui nous motive dans notre travail pour nous y orienter.

D'expliquer en quoi nous sommes de plus en plus complexes, notre environnement professionnel aussi, et que nous avons besoin de nouveaux instruments. Que les acteurs professionnels n'ont plus envie d'être manipulés, abusés, trompés, ni d'être obligés de manipuler les autres pour obtenir ce qu'ils veulent. Que nous n'avons plus envie de subir, de suivre, d'être ballottés, mais de choisir notre activité et de la vivre librement. Que nous avons besoin de comprendre le fonctionnement de notre cerveau, de notre pensée et de nos émotions.

Il montre en quoi les émotions décident à notre place si nous ne sommes pas conscients, si nous ne comprenons pas le fonctionnement de notre inconscient.

Il répond au désir de nous découvrir par d'autres voies, différentes de celles qui ont été proposées jusqu'à aujourd'hui.

Les responsables du développement humain ont envie de faire avancer les managers vers une meilleure compréhension de leur intelligence, vers une utilisation optimale de leur discernement.

Ils veulent que le développement du management ne soit plus une action ponctuelle, mais une culture d'entreprise qui transforme définitivement la manière d'être des managers et la qualité de leurs relations professionnelles.

Ils prennent progressivement conscience que la qualité des relations ne dépend pas seulement du savoir-faire.

Enfin, ils savent qu'ils peuvent jouer un rôle déterminant dans l'augmentation des résultats, en réduisant les coûts de fonctionnement et en augmentant le chiffre d'affaires de l'organisation par des actions de coaching et de formation. Et cela, d'une manière mesurable.

Les managers se sentent sous pression, prisonniers d'objectifs chaque jour plus élevés. Ils savent que les « méthodes » managériales ne sont pas assez complexes et ne peuvent l'être assez pour qu'ils puissent trouver leur propre manière de manager, pour exprimer qui ils sont vraiment dans leur management. Ils sentent que le management demande de l'implication, de l'engagement et des remises en question personnelles.

Les professionnels indépendants – coachs, consultants, managers, chefs de projet, psy... – savent que courir derrière le résultat ne marche pas. Ils savent que tout dépend du plaisir de travailler, qu'ils ne peuvent pas être eux-mêmes s'ils n'utilisent pas leurs deux intelligences (cognitive et émotionnelle), qu'ils travaillent pour s'accomplir dans leur activité, qu'il devient possible d'apprendre à agir à partir de soi et non plus des croyances, de leur éducation, de leurs préjugés.

Ils savent qu'agir à partir de leurs convictions signifie agir à partir de leur ressenti, de leur propre vérité, de leur initiative, de leur intuition.

Ils savent aussi que ce chemin passe par un questionnement personnel, la découverte par soi-même. Ils savent faire la différence entre leurs préjugés et leur vérité personnelle. Ils ont le désir profond de sortir de leur conditionnement personnel, familial, professionnel et culturel.

Ils savent que ce ne sont pas leurs connaissances, leurs diplômes, leurs méthodes qui font leur individualité, leur différence, leur valeur personnelle.

Ils savent que ce qui fait qu'ils sont eux-mêmes tient plus au dépassement personnel, à la cohérence personnelle, à la prise de risque d'être eux-mêmes face aux personnes importantes. Ils savent que l'argent est au service d'une finalité, d'une mission professionnelle, d'une vision personnelle. Qu'il est essentiel de rattacher vision personnelle et mission professionnelle pour être soi-même.

Ils ont envie d'essayer de prendre le chemin qui passe par l'appropriation et la distanciation vis-à-vis de leurs émotions, par la mise en pratique de leurs compétences dans leur expérience, par la construction d'une vision personnelle et libre.

L'ouvrage est applicable au niveau individuel, de l'équipe ou de l'entreprise. Notre but est de proposer un véritable entraînement, de développer notre autodétermination, d'élargir notre potentiel, de développer notre intelligence émotionnelle, donner du sens à notre activité. Cet entraînement nous apprend à nous focaliser sur deux cibles constantes :

- notre capacité à percevoir la réalité telle qu'elle est et non telle que nous voulons la voir ;
- notre capacité à visualiser très précisément nos projets, avec acuité, avant de les réaliser.

Notre travail sera source de questionnement, de réflexion et de positionnement. C'est pourquoi il ne faut pas hésiter à noter toutes les remarques, questions, accords, désaccords, idées qui viennent à l'esprit au fil de la lecture.

■ ACCROÎTRE NOTRE AUTODÉTERMINATION GRÂCE À L'INTELLIGENCE ÉMOTIONNELLE

Par « autonomie », nous entendons capacité à trouver une stabilité, un positionnement clair et choisi dans notre vie professionnelle.

Par « autodétermination », nous entendons capacité à nous « auto-finaliser », c'est-à-dire à définir continuellement nos propres finalités, en acceptant de traverser une alternance de moments de stabilité et de moments d'élaboration de buts. Mais, pour des raisons pratiques, nous utiliserons « autonomie » au sens d'« autodétermination » dans cet ouvrage.

En effet, la stabilité ne peut être que dynamique, la croissance et le développement sont inéluctables si nous adoptons la notion d'équilibre dynamique de Kurt Lewin, fondateur du Centre de recherches sur la dynamique des groupes. Notre seule liberté se situe dans le choix entre subir ou choisir notre évolution.

Je pense à un manager exceptionnellement brillant qui n'avait jamais osé se confronter à son père. Celui-ci lui imposait ses propres désirs et l'a destiné à une carrière de dirigeant alors qu'il était attiré par une carrière artistique. Au bout d'une dizaine d'années de déprime, il décida enfin de prendre la responsabilité d'une fonction dans une organisation orientée sur son domaine de prédilection.

■ APPRENDRE À ÉLARGIR ET APPROFONDIR NOTRE POTENTIEL

Nous élargissons notre potentiel cognitif en observant nos modes de pensée. Selon la science des systèmes, nous pensons en nous appuyant sur un système de croyances hérité des générations précédentes, sous l'influence de notre éducation. Pour élargir notre potentiel, nous devons **prendre conscience de ces modes de pensée, pour être à même de nous en libérer**. Nous pourrons alors choisir le mode de pensée le plus adapté au système complexe que nous questionnons : l'individu, l'équipe, l'entreprise, la société...

Pour approfondir notre potentiel affectif de la manière la plus pratique, il nous suffit d'observer notre vie émotionnelle au travail et d'apprendre à l'utiliser. Pour cela, nous nous appuierons sur trois axes de croissance : apprendre, identifier, relier.

Un cadre en formation de coaching avait un sentiment d'envahissement qui le bloquait chaque fois qu'il accompagnait ses collaborateurs. Cette difficulté l'a obligé à arrêter sa formation car il ne pouvait gérer la pression à l'approche de la certification. Il décida de suivre une deuxième formation en coaching, durant laquelle il s'est promis d'aller jusqu'au bout et de prendre conscience des croyances qu'il subissait et le paralysaient. Sa perception profonde de ce qui se jouait lui a permis de s'en libérer et d'évoluer.

▪ QUELQUES DÉFINITIONS

Nous aurons besoin de quelques concepts dont nous proposons ici une définition afin d'éviter toute ambiguïté sur le sens des mots.

INTELLIGENCE GLOBALE

Elle peut être définie comme une **intelligence intégratrice de nos dimensions cognitive et affective au service de l'action** comme une intelligence élargie non seulement à notre capacité de comprendre vite les situations, mais aussi de les vivre profondément et de les expérimenter pleinement. Autrement dit, elle nous permet de nous servir de notre sensibilité et de considérer nos émotions comme une richesse plutôt que comme un frein. Par exemple, je suis « intelligent » si je pleure quand je suis triste, si je remercie quand je suis content, si je savoure la réalisation de mon désir.

COMPÉTENCES ÉMOTIONNELLES

Ce sont des compétences non cognitives qui s'appuient sur le ressenti des émotions et sur l'intuition, et qui permettent de communiquer avec soi-même et les autres de manière consciente.

SYSTÈME

Ensemble d'éléments en interaction, orientés en fonction d'un but. Un système peut être naturel ou artificiel, spatial ou temporel, matériel ou virtuel, simple ou complexe. Par exemple, un thermostat, un stylo sont des systèmes simples ; un client, un manager, une équipe ou une entreprise sont considérés comme des systèmes complexes.

COMPLEXITÉ

Le terme « complexité » peut être employé dans deux sens. Le premier, que l'on trouve dans l'expression « science de la complexité », est équivalent à « systémique ». Le second décrit un **système dont on ne peut prédire le comportement, en raison du nombre important d'éléments et de relations qu'il met en jeu et de la variété des interactions avec lui-même et son environnement.**

MÉTA-RÉALITÉ

Nous qualifions de « méta-réalité » une **image cognitive de la réalité à partir de laquelle nous agissons et décidons.** En fait, la réalité ne nous est pas accessible, car nous ne disposons que de nos sens pour la connaître. Quand bien même nous aurions tous les organes sensoriels nécessaires, nous constaterions que notre perception serait déformée par nos systèmes de croyances : nous ne voyons pas la réalité telle qu'elle est, mais son interprétation, comme le dit Alfred Korzybski, scientifique et fondateur de la sémantique générale, dans son ouvrage devenu une référence en la matière *Une carte n'est pas le territoire*[1].

---

1. Alfred Korzybski, *Une carte n'est pas le territoire*, Éditions de l'Éclat, 1998.

▓ PLAN DE L'OUVRAGE

Dans le premier chapitre, nous verrons en quoi notre intelligence émotionnelle est la pierre angulaire de notre développement professionnel. Après un questionnement sur le sens de notre intelligence, nous proposons une définition fonctionnelle et opérationnelle de l'intelligence émotionnelle.

Dans le deuxième chapitre, nous verrons comment nous servir de notre intelligence émotionnelle et des compétences associées. Comment la dimension émotionnelle s'intègre dans notre performance et comment créer du sens pour ne plus subir notre expérience, mais en devenir progressivement acteur.

Dans le troisième chapitre, nous explorerons la complexité et l'importance des modèles de pensée. Nous verrons comment se distancier des méthodes et savoir-faire pour adopter une nouvelle posture professionnelle.

Le quatrième chapitre nous montre comment être globalement plus cohérents grâce à notre intelligence émotionnelle, comment nous appuyer sur notre compétence émotionnelle pour augmenter notre autonomie affective.

Le cinquième chapitre approfondit la notion de performance pour la resituer dans un contexte finaliste. Il explique comment harmoniser la réussite et le développement professionnel aux niveaux individuel et collectif.

Le sixième et dernier chapitre propose des moyens pour mettre en œuvre notre intelligence émotionnelle dans nos relations, à travers nos principaux défis professionnels et en s'appuyant sur trois cycles d'actualisation de soi.

L'intelligence, c'est quoi ?

Objectifs

- Comprendre en quoi l'intelligence émotionnelle est la pierre angulaire de notre prochaine étape de développement.
- Définir l'intelligence de manière fonctionnelle et opérationnelle.
- Comprendre pourquoi accroître notre intelligence émotionnelle si nous voulons renforcer notre efficacité.

« Ce ne sont pas les événements qui troublent les hommes, mais l'idée qu'ils se font des événements. »
Épictète

QUESTIONNER NOTRE INTELLIGENCE

DONNER UN SENS À NOTRE INTELLIGENCE

Pour donner un sens à notre intelligence, nous prenons conscience que les mots ne sont pas la réalité, mais qu'ils en sont seulement un modèle. Ce dernier a néanmoins une forte influence sur la perception de la réalité de notre pensée, de nos décisions et de nos actes. Nous pouvons donc considérer chaque mot comme un moyen d'élargir ou, au contraire, de limiter notre compréhension. De même, le concept d'intelligence tel qu'il est utilisé en Occident peut nous limiter ou, au contraire, nous libérer selon qu'il restreint ou élargit le champ et le sens de ce qu'il définit. Prenons l'hypothèse que notre conception de l'intelligence cognitive limite et occulte certaines dimensions très utiles à notre croissance personnelle et à notre développement social. Si nous considérons que le concept d'intelligence influence notre perception, nous devons prendre ce fait comme une réalité à part entière. Et plutôt que de subir son influence sans nous en rendre compte, nous pouvons en prendre conscience et orienter la définition de ce concept afin non plus de le subir, mais au contraire d'agir volontairement avec lui. Alors il peut aider à nous développer et à évoluer.

Que peuvent apporter les intelligences multiples et l'intelligence émotionnelle en la matière ? Un chercheur américain, Howard Gardner, auteur de l'ouvrage *Les Intelligences multiples*[1], propose d'élargir la définition classique de l'intelligence pour y intégrer les dimensions sensorielles, cognitives et affectives. Cela nous aidera peut-être à trouver les moyens de nous développer ? Bruno Hourst explique la pensée de Howard Gardner et définit l'intelligence de la manière suivante : « Un ensemble de compétences qui permettent à un individu de résoudre des problèmes rencontrés dans la vie courante ; la capacité à créer un produit réel ou offrir un service qui ait de la valeur dans une culture donnée ; la capacité à se poser des problèmes et à trouver les solutions à ces problèmes, permettant en particulier à un individu d'acquérir de nouvelles connaissances[2]. » Cela peut se faire en nous appuyant sur nos différentes formes d'intelligence, illustrées par des personnages spécifiquement doués dans chacune. Par exemple, sur l'intelligence :

– musicale et Yehudi Menuhin, concertiste international à 10 ans ;
– corporelle et Bab Ruth, troisième base au baseball à 13 ans ;
– logico-mathématique et Barbara McClintock, prix Nobel de médecine ;
– langagière et T. S. Eliot, écrivain qui crée une revue à 10 ans ;
– spatiale, visuelle et Picasso, artiste peintre ;
– intrapersonnelle et Virginia Woolf, écrivain ;
– interpersonnelle et Anne Sullivan, éducatrice de génie.

1. GARDNER Howard, *Les Intelligences multiples*, Retz, Coll. « Petit Forum », 2008.
2. HOURST Bruno, *À l'école des intelligences multiples*, Hachette, 2006.

Nous y ajouterons les deux dernières formes : les intelligences naturaliste et existentielle. L'intelligence existentielle se définit par un
certain nombre de compétences telles que la capacité à se situer par
rapport aux limites cosmiques – l'infiniment grand et l'infiniment
petit – ; prendre position par rapport aux problèmes existentiels
propres à la condition humaine, tels que le sens de la vie et de la
mort, le destin du monde physique ou psychologique, mais aussi
vis-à-vis des expériences les plus importantes comme l'amour pour
une autre personne ou la rencontre avec une œuvre d'art ; s'intéresser à des questions transcendantales – toutes les civilisations
connues ont accordé de la valeur à cette capacité. En corrélation,
Reuven Baron, Peter Salovey et John Mayer ont identifié une forme
d'intelligence, dite « intelligence émotionnelle », qui commence à
changer notre manière de voir l'individu, ses relations et son développement, et ce n'est probablement là qu'un début...

Peter Salovey et John Mayer définissent l'intelligence émotionnelle
comme une « forme d'intelligence sociale qui implique la capacité à
observer et maîtriser ses propres sentiments et émotions et ceux des
autres, à les distinguer et à employer cette information pour guider
sa pensée et son action[1] ».

L'intelligence émotionnelle couvre essentiellement le champ des
intelligences intrapersonnelles, interpersonnelles et kinesthésiques
des intelligences multiples. Nous proposons ici une définition opérationnelle de l'intelligence émotionnelle qui inclut la maîtrise des
émotions, le développement des compétences émotionnelles et la
création de sens. Cette dernière paraît particulièrement propice
dans le contexte de crise et de perte de sens que notre société vit
aujourd'hui. Le sens est un facteur d'évolution consciente, choisie et
autonome, et de motivation, qui contextualise les décisions prises et
les événements vécus. « Nul vent n'est favorable pour celui qui ne

---

1. SALOVEY P., MAYER J., *Emotional Intelligence, Imagination, Cognition and
   Personality*, Baywood Publishing Company, 1990.

sait où il va[1] ! » écrivait Sénèque. En effet, comment évoluer si nous ne savons pas où nous allons ? Comment obtenir ce que nous voulons si nous ne savons pas demander ? Comment être heureux si nous ne connaissons pas notre identité ? Nous retrouvons le « Connais-toi toi-même » de Socrate, le processus d'individuation de Carl G. Jung ou encore le processus de création de soi décrit par Neal D. Walsch.

Le sens est aussi un facteur de motivation pour chaque salarié de l'entreprise s'il est défini dans une vision créée par le décideur et partagée par tous les acteurs. Cette vision devient génératrice de visions d'équipes et de missions personnelles. Ces trois niveaux de sens sont enchevêtrés, reliés entre eux, cohérents et conscients. Une mission non intégrée dans une vision plus large manquerait d'un ingrédient essentiel : l'enthousiasme. Donner un sens à notre intelligence pourrait bien être à l'origine d'un « changement de niveau 2 », selon la terminologie de l'ethnologue Gregory Bateson. Pour définir ce type de changement, illustrons-le par l'exemple du saut en hauteur. Quand Dick Fosbury passe du saut ventral au *Fosbury flop* ou rouleau dorsal, il effectue un changement de niveau 2 : plutôt que de faire mieux en saut ventral, ce qui aurait constitué un changement de niveau 1, il invente une nouvelle manière de progresser.

En ce qui nous concerne, plutôt que de développer une définition de l'intelligence qui nous limite face aux besoins de notre société, il vaut mieux proposer une définition ouvrant des horizons, celle d'une intelligence qui soit au service de notre potentiel de croissance et de notre autonomie, autant affective que cognitive.

CONNAISSANCE ET EXPÉRIENCE : DEUX SOURCES D'INTELLIGENCE

Si nous acceptons l'idée que l'intelligence intègre à la fois le cognitif et l'expérientiel, nous possédons le matériel nécessaire pour exploiter les recherches menées dans les domaines cognitifs et émotionnels.

---

1. *Lettres à Lucilius*, Livre VIII, Lettre 71, Pocket, « Agora des classiques ».

De grands scientifiques et épistémologues, comme Francisco Varela et Ilia Prigogine, ont élargi le sens donné à la rationalité en y intégrant la notion d'incertitude, en lien avec les découvertes de la physique quantique. Pour sortir de nos modèles actuels, nous devons « élargir » notre rationalité, au risque de passer à côté des problèmes complexes que nous sommes amenés à vivre. Il devient donc important de considérer cette « intelligence élargie » pour répondre aux problèmes professionnels, et particulièrement à ceux du développement humain au travail.

Si nous prenons l'exemple de l'école ou de l'entreprise, nous observons que la dimension cognitive y est plus que valorisée. Les expériences vécues à l'école ou dans les autres organisations sont rarement prises en compte. On pourrait rêver que des matières telles que la « conscience de soi et des autres », la « confiance en soi et aux autres », la « communication et l'affirmation de soi » soient enseignées au même titre que les mathématiques, l'histoire ou l'économie, ce qui est encore loin d'être le cas ! Bien des problèmes actuels tels que la violence à l'école pourraient être notablement réduits grâce à des temps de partage entre les élèves autour de leur vécu à l'école. Ces sujets demeurent entre les mains des spécialistes au lieu d'être courants et accessibles à tous.

De la même manière, nombre de managers pensent qu'une décision se prend rationnellement et que les comportements dans l'entreprise sont très rationnels. C'est le cas d'un manager qui affirmait, lors d'une conférence : « Il ne faut pas avoir d'état d'âme ! » Or c'est justement ce qui nous manque le plus aujourd'hui. Nous cherchons à nous déconnecter de nos émotions alors qu'elles sont en réalité à l'origine de toutes nos décisions, de toutes nos relations et de toutes nos actions. Savoir détecter le niveau d'intelligence émotionnelle des candidats, savoir la développer chez chacun, des dirigeants aux opérationnels de terrain, constitue probablement un enjeu majeur pour les entreprises.

■ POURQUOI L'INTELLIGENCE ÉMOTIONNELLE (IE) ?

Depuis la conception initiale de l'intelligence par Alfred Binet, qui la considérait uniquement dans sa dimension cognitive – acquisition des connaissances –, sa définition a été élargie à notre dimension affective (tableau ci-dessous).

Évolution des différentes conceptions de l'intelligence

Année	Chercheur	Conception de l'intelligence
1905	Alfred Binet	Ce qui nous permet de réussir à l'école
1927	Charles Spearman	Aptitude cognitive générale unique
1938	Louis Thurstorn	Composée de 7 facteurs indépendants
1983	Howard Gardner	8 formes différentes d'intelligence
1988	Robert Sternberg	Créativité et esprit pratique
1990	Peter Salovey et John Mayer	L'IE, une forme d'intelligence non cognitive
1996	Daniel Goleman	L'IE, ce qui nous permet de réussir dans la vie

Source : Daniel et Michel Chabot, *Pédagogie émotionnelle*.

Nous comprenons de mieux en mieux les liens étroits qui existent entre nos capacités émotionnelles, prise de conscience et accueil de nos émotions, et notre capacité à comprendre rapidement les situations vécues. Par exemple, en état de stress élevé, notre potentiel intellectuel et créatif est significativement réduit.

Jean-Pierre, manager, était paniqué lors de sa prise de parole pour décrire l'avancement de son projet à l'occasion d'un colloque. Michel, journaliste, ne pouvait pas communiquer de manière efficace sur les abus de sa hiérarchie car il était impressionné par cette dernière. Paul, chercheur, posait une question dans une assemblée et n'entendait que 50 % de la réponse à cause de son stress.

Pour des raisons culturelles, nous avons du mal à prendre en considération ce qui n'est pas mesuré. D'ailleurs, la science a fait de même en ne définissant comme scientifique que les théories « réfutables », c'est-à-dire pouvant être contredites. Or, nous savons que la vérité n'est pas toujours mesurable ou du moins compréhensible par la seule pensée. Cette même science est en mutation depuis presque un siècle, sous l'influence de deux développements majeurs de la physique du XXe siècle, la théorie de la relativité générale et la physique quantique, qui nous incitent à accepter que l'incompréhensible puisse être considéré comme « vrai ». Nous savons, par exemple, que l'observateur a une influence sur l'objet observé, mais nous sommes aujourd'hui incapables de le comprendre et donc de le prouver.

Cette tendance observée chez les scientifiques incite à prendre en compte notre intelligence émotionnelle, même si ce n'est pas le cas dans notre activité professionnelle. Grâce aux neurosciences, et notamment aux apports d'Antonio Damasio, nous savons que, pour prendre une décision, quelle qu'elle soit, nous nous appuyons sur notre cerveau émotionnel. Phineas Cage, le 13 septembre 1848, subit un accident qui provoqua une lésion de ses lobes frontaux, ce qui l'empêchait de prendre des décisions pertinentes : « Cette lésion avait aboli chez ce dernier la capacité de programmer ses actions dans l'avenir, de se conduire en fonction de règles sociales qu'il avait antérieurement apprises, et de faire des choix susceptibles d'être plus avantageux pour sa survie[1]. » De même pour le cas plus récent d'Elliot, opéré du cerveau suite à une tumeur, son « QI était resté élevé et ses problèmes traduisaient des problèmes émotionnels ou psychologiques[2] ». De nombreuses découvertes sur l'interaction entre les émotions et les performances ont été faites, depuis l'accélération du développement des neurosciences, particulièrement celui des cognitives, et de la psychobiologie, qui étudient les mécanismes de la cognition, de la perception, des émotions, du langage, etc. et

---

1. DAMASIO Antonio, *L'Erreur de Descartes*, Odile Jacob, 1995.
2. *Idem.*

des neurosciences sociales qui étudient les comportements d'empathie, de coopération, de compétition, de violence...

Pour l'instant, nous définissons les trois composantes de notre intelligence émotionnelle :

– apprendre à maîtriser nos émotions ;

– identifier et développer nos compétences émotionnelles ;

– relier les événements traversés au sens que nous donnons à
  notre existence.

Les trois composantes de l'intelligence émotionnelle

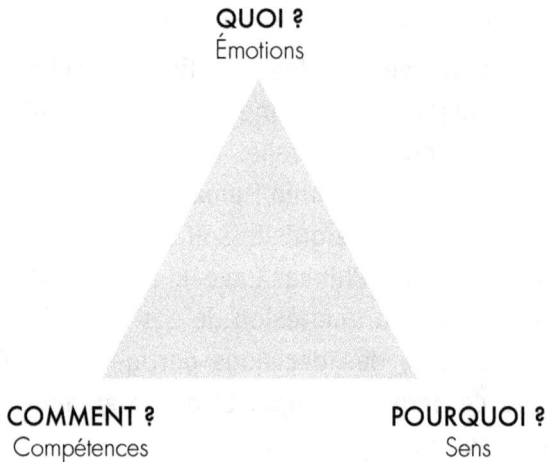

QUOI ?
Émotions

COMMENT ?   **POURQUOI ?**
Compétences   Sens

APPRENDRE À MAÎTRISER NOS ÉMOTIONS

Nous définissons la maîtrise des émotions comme notre capacité à
observer nos émotions, à en prendre conscience, à les accepter et à
nous appuyer sur elles pour décider et agir ; comme notre capacité à
nous enrichir de nos émotions pour nous exprimer, nous adapter et
nous développer. Au lieu de penser : « Il n'est pas compétent ! », je
vais observer la situation en questions et dire : « Je suis surpris que tu
n'aies pas informé le client du retard. » Au lieu de dire : « Non, je n'ai
pas le temps », je réponds : « J'entends ta demande d'aide, mais j'ai
un rendez-vous important cet après-midi et je suis sous pression. »

Maîtriser nos émotions ne signifie pas ne pas en avoir, cela est impossible : les émotions ont toujours existé, elles nous sont utiles et même nécessaires pour vivre. Accepter nos émotions est paradoxalement la seule façon de ne pas nous laisser déborder par elles. Maîtriser nos émotions ne signifie pas non plus les bloquer, les cacher, les fuir ou les éviter. Elles s'exprimeront d'une manière ou d'une autre, tôt ou tard, sous des formes différentes (acte manqué, lapsus, accident, maladie) et seront de moins en moins contrôlables. L'authenticité, vis-à-vis de soi et des autres, est la meilleure réponse à nos émotions.

Lors d'un séminaire en entreprise, un manager exprime sa tristesse par des larmes en racontant une expérience. Les autres participants restent silencieux, attentifs, gênés. Certains ont envie de l'aider, de proposer un mouchoir ou s'en veulent de ne rien faire. Cette réaction est habituelle… Pourtant, la participante avait surtout besoin d'exprimer ses émotions, de les vivre pleinement, d'être présente à elle-même, d'avoir la possibilité de se poser, d'être « avec » son émotion. Après ces larmes, plutôt que de rester centrée sur elle et de se percevoir profondément, elle s'est excusée auprès du groupe. Nous lui signifions au contraire que son témoignage est très riche et peut être le modèle d'une attitude émotion-nellement intelligente. Et que c'est exactement cela qui lui a permis de se libérer de la tristesse contenue dans son expérience.

Marshall Rosenberg a développé une approche particulièrement intéressante, qu'il a appelée « communication non violente[1] » : elle consiste à observer la situation vécue, identifier les ressentis et les besoins associés, puis à exprimer ces différents éléments avec une demande explicite.

Jean-Marc, consultant, travaille avec un collègue sur un projet finan-cier. Il expose une difficulté professionnelle récurrente qu'il traduit en demande explicite à son collègue. Et dit : « Quand tu ne réponds pas à mes appels, je suis triste et en colère, et j'ai besoin de plus de considéra-tion de ta part. Peux-tu me répondre dans la journée quand je t'appelle ? »

---

1. ROSENBERG Marshall, *Les mots sont des fenêtres*, Syros, 1999.

Maîtriser nos émotions signifie les percevoir, les accueillir et savoir les utiliser dans nos décisions et nos actions. Cette maîtrise interagit avec les compétences émotionnelles.

IDENTIFIER ET DÉVELOPPER NOS COMPÉTENCES ÉMOTIONNELLES

Par « compétences émotionnelles », il faut entendre :

– les compétences intrapersonnelles, comme la conscience de nos états affectifs, sentiments, émotions, humeurs et plus généralement de notre expérience intérieure ; la confiance en soi et vis-à-vis des autres entre l'affirmation – expression de ce que nous vivons intérieurement au moment opportun – et la réalisation de soi – capacité à construire ce qui donne du sens à notre activité professionnelle ;

– les compétences interpersonnelles telles que l'écoute multiple – écouter l'autre avec tous nos sens pour mesurer les interactions paroles/comportement de notre interlocuteur –, la capacité relationnelle – débuter, développer une relation mutuellement satisfaisante et savoir l'arrêter et assumer promptement ses responsabilités – et la capacité à répondre de nos paroles et de nos actes sans culpabiliser ;

– les compétences transversales comme l'optimisme actif – optimiser les situations quotidiennes de notre vie professionnelle –, la résilience ou capacité à grandir avant, pendant et après des situations de crise telles que conflits récurrents, harcèlement moral, mise au placard, licenciement et, enfin, l'accompagnement – capacité à accompagner émotionnellement ses clients et ses collaborateurs.

Depuis l'étude statistique réalisée par Daniel Goleman[1], ces compétences émotionnelles sont reconnues comme plus utiles dans notre efficacité professionnelle que les compétences cognitives. Par ailleurs, si l'on considère la définition classique de l'éducation –

___
1. GOLEMAN Daniel, *L'Intelligence émotionnelle – 2*, J'ai lu, 2000.

© Groupe Eyrolles

ensemble de moyens permettant le développement des facultés physiques, morales et intellectuelles d'un être humain –, l'individu y est considéré dans sa globalité, alors que notre éducation reste essentiellement axée sur le développement cognitif.

Patricia est une consultante en mission pour le compte d'un organisme bancaire. Elle raconte : « Dans le cadre d'une évolution de la réglementation, lors de la mise en place d'une nouvelle version de logiciel, je devais prendre une décision difficile : lancer ou non une campagne de communication. Selon le maître d'ouvrage, une vingtaine de clients étaient susceptibles de dénoncer le contrat et de passer à la concurrence. J'estimais le coût de cette opération à 115 000 euros par an et par contrat, c'est-à-dire à 2 300 000 euros dès la première année, sans compter les pénalités des autorités de contrôle. Malgré l'avis contraire du maître d'œuvre, je prends l'initiative de mener la campagne auprès de ces clients. J'ai donc fait gagner environ 2 300 000 euros à mon client. J'ai été reconnue pour l'action réalisée ainsi que ma société. Je peux dire aujourd'hui que, sans cette confiance acquise et à même compétence métier, j'aurais suivi l'avis du maître d'ouvrage et n'aurais pas informé à temps les organismes qui se seraient probablement retournés contre nous. »

Lors de l'une de ses conférences, Jean-Louis Servan-Schreiber a raconté que les Indiens ne voyaient pas arriver les bateaux espagnols sur la côte américaine, malgré leur taille gigantesque. Pourquoi ? Parce que nous voyons uniquement ce que nous connaissons, le reste est occulté. Qu'est-ce que notre culture – aussi évoluée soit-elle sur le plan technologique – nous empêche de voir ?

En ce qui concerne notre intelligence, est-il possible que nous n'en percevions qu'une parcelle, que nous possédions un potentiel présent mais non utilisé par ignorance émotionnelle et/ou cognitive ? Nous pensons sincèrement qu'il faut réapprendre à observer profondément la réalité, tant celle de notre vie intérieure – émotions, sentiments, pensées... – que celle de notre environnement professionnel ou personnel. Et si l'on modifiait légèrement l'adage bien connu : « Quand le *sage* montre la lune, *l'idiot* regarde le doigt » en le remplaçant par : « Quand le sage montre la lune, *l'ignorant* regarde le doigt » !

> Développer nos compétences émotionnelles, c'est les
> identifier, les entraîner et les solliciter au quotidien, et cela
> quel que soit leur degré de développement au départ.

CRÉER DU SENS DANS NOTRE VIE

Comment ne pas passer à côté des choses importantes ? Comment utiliser nos erreurs où éviter de les répéter ? Comment donner du sens aux activités quotidiennes de notre travail ? Dans notre vie quotidienne, nous ne prenons pas le temps de nous arrêter, de nous isoler pour réfléchir profondément au sens que nous voulons donner à notre vie. Nous invoquons de multiples raisons, comme la pression extérieure, la course aux résultats, les objectifs irréalisables. Mais nous prenons peu en compte la pression intérieure, pourtant tout aussi importante et qui s'exprime de diverses manières : besoin d'être à la hauteur, d'être irréprochable, d'avoir un niveau social dit « respectable », de faire mieux que le collègue ou le concurrent, d'être admiré par les personnes que l'on aime... Bref, personne ne nous demande de prendre ce temps alors qu'il est essentiel pour notre bien-être, pour nourrir notre motivation, pour maintenir notre niveau professionnel, pour donner une direction pertinente à notre carrière professionnelle, pour inventer notre vie future. Donner du sens à nos actions, c'est répondre régulièrement aux questions du type :

– Qui suis-je et qui je veux être ?

– Quelle est la mission et la valeur ajoutée de ma société ?

– Quelle est la vision de mon client ?

Savoir progressivement qui nous sommes est essentiel, car c'est à partir de cette connaissance qu'émergent les sentiments et les émotions qui permettront d'orienter nos choix de vie. Nous ne pouvons pas bâtir notre avenir si nous n'avons pas intégré notre passé. L'image que nous avons de nous conditionne ce que nous pouvons imaginer de notre futur et ce que nous nous autorisons à mettre en œuvre. Tous les freins et les accélérateurs se trouvent dans les émotions et sentiments associés à « Qui suis-je ? » et « Qui je veux devenir ? ».

Olivier est consultant en Bourse et aurait pu remplir sa fonction sans se donner à lui-même des missions personnelles. Parmi d'autres missions en cours, celle qu'il a eu envie de se donner consistait à refondre la partie « droits utilisateurs » du site Internet de son client. « Ayant observé certaines failles dans le système de gestion des droits utilisateurs, je décide de prendre rendez-vous avec le directeur informatique pour lui exposer ma vision. Ce dernier accepte ma proposition avec beaucoup d'enthousiasme et je la mets en œuvre. Finalement, mon client a gagné environ trois cents jours par an et a évité le risque d'avoir à refaire cette application lors d'une prochaine évolution du système informatique. » C'est grâce à son questionnement sur le sens de son activité qu'Olivier à identifier des sources de valeur ajoutée pour son client et en rapport avec ce qu'il aimait faire.

> Donner du sens à notre vie quotidienne renforce notre motivation et permet de contextualiser les événements et les expériences professionnelles afin de les mettre au service de notre vision personnelle ou collective et de ce que nous considérons comme étant notre mission professionnelle.

■ UN BREF HISTORIQUE DE L'INTELLIGENCE ÉMOTIONNELLE

QUELQUES FIGURES IMPORTANTES

Reuven Baron a créé l'expression « quotient émotionnel ».

Howard Gardner a découvert les intelligences multiples, elles-mêmes à l'origine de l'intelligence émotionnelle.

Peter Salovey et John Mayer ont défini l'expression « intelligence émotionnelle ».

Daniel Goleman a su, entre autres, faire connaître cette forme d'intelligence en France.

LES ÉTAPES DU DÉVELOPPEMENT DE L'INTELLIGENCE ÉMOTIONNELLE

À la fin des années 1930, Robert Thorndike aborde le concept d'intelligence sociale, qu'il définit comme la « capacité de comprendre, d'agir et de se comporter sagement envers les autres[1] ».

En 1940, le psychologue américain David Wechsler définit l'intelligence comme la « capacité globale de l'individu d'agir à bon escient, de penser rationnellement et de traiter efficacement son environnement[2] ». Il se réfère aux aspects non cognitifs – c'est-à-dire aux facteurs affectifs, personnels et sociaux – autant qu'aux aspects cognitifs.

En 1970, Paul MacLean découvre le cerveau triunique avec ses trois étages[3] :

– le cerveau reptilien, âgé d'environ 600 millions d'années, orienté sur les instincts et les pulsions ;

– le cerveau limbique qui s'est développé, il y a 60 millions d'années, siège des affects et des émotions ;

– le néocortex, qui a 3 millions d'années, dont l'objet est la raison.

En 1975, le psychologue Claude Steiner utilise l'expression « alphabétisation émotionnelle », qui couvre un champ proche de celui de l'intelligence émotionnelle actuel.

Le neurophysiologiste Roger Sperry est prix Nobel de médecine en 1981 pour sa découverte sur le cerveau bi-hémisphérique, un hémisphère étant spécialisé dans la logique, l'autre dans les émotions et l'intuition. Il en résulte que, chez 95 % des droitiers, la partie gauche du cerveau est responsable de la pensée analytique, linéaire, verbale et rationnelle, tandis que l'hémisphère droit est holistique, imaginatif, non verbal et artistique.

---

1. THORNDIKE E.L., « Intelligence and its uses », *Harper's Magazine*, n° 140, 1920.
2. WECHSLER D., *The Measurement and Appraisal of Adult Intelligence*, Williams and Wilkins, 1958.
3. MACLEAN Paul D., *Les Trois Cerveaux de l'homme*, Robert Laffont, 1990.

En 1983, le psychologue américain Howard Gardner invente le concept d'intelligence multiple, composée des intelligences logico-mathématique, visio-spatiale, kinesthésique, naturaliste, verbo-linguistique, musicale, interpersonnelle – savoir être avec l'autre, comprendre son semblable et se faire aider par lui – intrapersonnelle – être, se connaître, construire son identité professionnelle existentielle.

Directeur de l'Institut des intelligences appliquées du Danemark et expert-conseil auprès d'organisations en Israël depuis 1980, Reuven Bar-On cherche à définir, mesurer et appliquer l'intelligence émotionnelle et sociale. Il a créé l'expression « quotient émotionnel » en 1985.

En 1989, Peter Salovey et John Mayer inventent le concept d'intelligence émotionnelle. Ils décrivent celle-ci comme « une forme d'intelligence sociale qui implique la capacité à observer et maîtriser ses propres sentiments et émotions et ceux des autres, à les distinguer, et à employer cette information pour guider sa pensée et son action[1] ».

Dans les années 1990, le docteur en psychologie Daniel Goleman, auteur du best-seller *L'Intelligence émotionnelle*[2], va plus loin et sensibilise les dirigeants d'entreprise à cette intelligence. Il explique que le QI n'est pas un bon indicateur d'efficacité au travail. Dans une enquête réalisée sur 200 entreprises réparties dans le monde, il découvre que les compétences techniques et le QI ne comptent que pour un tiers dans l'évolution des performances, les deux tiers restants étant attribués à l'intelligence émotionnelle.

Au cours des expériences d'accompagnement et de formation que nous avons menées, nous avons remarqué que l'entraînement émotionnel est freiné par nos systèmes de croyances, préjugés, certitudes, « prêts-à-penser ». Notre regard, induit par notre éducation cartésienne et souvent simplificatrice, nous empêche malgré nous d'anticiper, de détecter ou de prendre en compte des problèmes complexes avant qu'il ne soit trop tard. Pour croître professionnellement, il nous faut donc intégrer ces divers éléments qui nous freinent

---

1. SALOVEY P. et MAYER J., *op. cit.*
2. GOLEMAN Daniel, *op. cit.*

et les prendre en compte. Pour y parvenir, il nous faut au préalable approfondir la notion de complexité.

En quoi la science de la complexité peut-elle nous aider à renforcer notre efficacité au travail ? En quoi, ayant intégré le paradigme de la complexité, nous développons plus facilement notre intelligence émotionnelle pour la mettre au service de notre croissance ?

■ QUELQUES ÉLÉMENTS SUR LA COMPLEXITÉ

Pour aborder la complexité, nous nous appuyons sur la notion de système qui en est à l'origine.

QU'EST-CE QUE LA SCIENCE DES SYSTÈMES ?

En priorité, nous définissons ce que nous entendons par système. Si nous observons les objets de la nature comme ceux fabriqués par l'homme – les artefacts –, nous les considérons soit du point de vue de leur forme, soit du point de vue de leur finalité. Nous pouvons, par exemple, décrire une personne à partir de ce que nous voyons d'elle physiquement, affectivement et intellectuellement. Cette description peut être longue et nous passerons à côté de l'essentiel si nous ne gardons pas à l'esprit où nous voulons arriver. Si nous voulons décrire cette même personne en fonction d'une finalité qui est, par exemple, de l'aider à atteindre un objectif professionnel, nous allons contextualiser nos observations et aborder ce qu'elle perçoit comme ses forces et faiblesses par rapport à cet objectif.

Joël de Rosnay, un des pionniers français de la systémique, définit la science des systèmes de la manière suivante : « La systémique est une nouvelle approche permettant d'organiser les connaissances en vue d'une plus grande efficacité de l'action. La systémique se rapporte à l'étude des systèmes et de leur évolution dans le temps[1]. »

---

1. ROSNAY Joël (de), *L'Homme symbiotique*, Le Seuil, coll. « Points », 2000.

Si nous élargissons cette définition pour l'adapter à notre propos, nous pourrions dire : « La systémique est une nouvelle approche permettant d'intégrer nos pensées et croyances, nos sentiments et émotions, nos attitudes et comportements en vue d'une plus grande efficacité de l'action. La systémique se rapporte à l'étude et l'évolution dans le temps des systèmes complexes dont font partie l'individu, l'équipe et l'entreprise. »

Pour aborder notre réalité professionnelle avec ces nouveaux « outils » sensibles ou conceptuels, il reste à comprendre ces modèles de pensée ou métamodèles et à les appliquer dans notre activité, au début consciemment, puis de manière plus spontanée et naturelle.

Par « outils sensibles », nous entendons les outils de l'intelligence émotionnelle dont nous avons décrit les trois axes de développement : maîtriser nos émotions, développer nos compétences émotionnelles et créer du sens. Ces outils aiguiseront notre manière d'observer, de communiquer et d'agir.

Par « outils conceptuels », nous entendons les outils de la science des systèmes tels que les « nouveaux » modèles de pensée, les champs d'intervention comme nos connaissances, notre communication et notre expérience pour relier pensées, affects et actions.

LES ORIGINES DE LA COMPLEXITÉ

En 1940, Norbert Wiener, professeur au MIT, travaille sur les servomécanismes d'appareils de pointage. Il constate qu'ils font preuve d'un comportement « intelligent » en s'appuyant, d'une part, sur l'expérience passée (enregistrements) et la prévision du futur, et d'autre part, sur leurs « dysfonctionnements » par des oscillations incontrôlables lorsque l'on cherche à réduire les frictions. Il apprend par le neurophysiologiste Arturo Rosenblueth que ces mêmes phénomènes se produisent chez l'homme, en particulier dans la maladie de Parkinson. Il en déduit que, pour contrôler une action finalisée, il faut évaluer les effets de cette action et s'y adapter au fur et à mesure. La rétroaction, premier concept de la systémique, est née.

Les idées de Wiener et Rosenblueth se répandent rapidement et, de 1946 à 1953, des séminaires pluridisciplinaires sur la théorie de la complexité sont organisés à New York par la Josiah Macy Fondation, avec des scientifiques de renom tels que les anthropologues Margaret Mead et Gregory Bateson, le sociologue Paul Lazarsfeld, le psychologue Kurt Lewin ou encore le neurophysiologue Warren McCulloch…

Par la suite, nombre de chercheurs ont fait des apports déterminants :

– **en sciences de la vie** : Ludwig von Bertalanffy, Warren McCulloch, Arturo Rosenblueth, Ilya Prigogine (prix Nobel de chimie en 1977), Heinz von Foerster (découverte de l'ordre par le bruit), Henri Atlan, Ross Ashby (loi de la variété requise), Francisco Varela et Humberto Maturana (théorie de la machine autopoïétique) et le médecin Élie Bernard-Weil (stratégie ago-antagoniste) ;

– **en sciences sociales** : l'anthropologue Gregory Bateson (thérapie systémique), l'économiste Kenneth E. Boulding, le théoricien d'entreprise Herbert Simon (dès 1947), Jay Forrester (créateur de la dynamique industrielle en 1961) et Edgar Morin (*La Méthode*) ;

– **en sciences de l'artificiel** : John von Neumann (fondateur de la théorie des jeux) et Herbert Simon (pionnier de l'intelligence artificielle).

IL NOUS MANQUE QUELQUE CHOSE POUR PENSER LA VIE

Face à une situation de blocage, à l'impression de « tourner en rond », nous avons à nous poser des questions plus profondes, qui touchent à nos structures – de pensée, sociales, culturelles…

Il semble que nous soyons aujourd'hui au seuil d'un changement profond de nos systèmes sociaux, économiques, politiques… Si nous remettons progressivement et profondément en question nos modes de pensée et d'action, des réponses pertinentes pourraient émerger.

Pour cela, nous abordons la réalité avec de nouveaux « outils », d'une part, ontologiques, véhiculés par notre intelligence émotionnelle et, d'autre part, conceptuels, que la science de la complexité a mis soixante-dix ans à élaborer.

> ### Synthèse
>
> - Utiliser notre intelligence émotionnelle constitue un moyen efficace de nous développer au travail.
> - Notre intelligence émotionnelle est composée d'un ensemble de compétences ciblées, ce qui nous permet d'être performants tout en étant dans le plaisir de travailler.
> - Les trois axes de développement sont la maîtrise des émotions, le développement des compétences et la construction du sens.
> - Pour développer durablement notre intelligence émotionnelle, nous nous appuyons sur un mode de pensée adapté à la complexité des organisations.

Questions/Réponses individuelles

L'intelligence émotionnelle (IE) est-elle un outil, une méthode, un modèle ?

L'intelligence émotionnelle est d'abord une forme d'intelligence qui nous permet de réussir et de nous épanouir dans notre vie. C'est aussi une approche qui nous apprend à être plus conscient, à développer et utiliser nos compétences émotionnelles pour atteindre nos objectifs. Ce n'est donc pas un outil, une méthode ou un modèle, mais une manière de vivre qui intègre une double logique cognitive et émotionnelle, et qui répond aux besoins émergents des personnes, des groupes et des organisations.

L'IE est-elle innée ou acquise ?

Cette forme d'intelligence peut être innée et en même temps se développer tout au long de la vie d'une personne, contrairement à l'intelligence cognitive. Comme pour n'importe quelle compétence, un individu peut avoir une capacité de conscience importante innée ou entraîner sa conscience par des exercices pratiques et quotidiens, l'un n'est pas exclusif de l'autre.

Quelles sont les idées clés pour développer son IE ?

Être prêt à se détacher des idées reçues et accepter de se laisser surprendre.
Savoir être conscient quand des émotions apparaissent pour nous dire quelque chose. Savoir décoder le sens de ses émotions par l'expression écrite ou orale.
Savoir être responsable de ses pensées, de ses paroles et de ses actes au quotidien pour ne plus dépendre de son passé ou des autres.

Par quoi commencer ?

Observer en soi et autour de soi de la manière la plus factuelle possible. Apprécier les situations, les expériences, les personnes et les cultures. Prendre conscience des conditionnements signalés par des émotions désagréables.

Est-ce une manière de manipuler l'autre ?

Il faut savoir que tout est manipulation : notre passé, nos relations, notre culture nous manipulent. Néanmoins, plus nous développons notre intelligence émotionnelle, moins nous avons besoin de manipuler pour obtenir ce que nous voulons. Avec cette longueur d'avance, nous percevons les personnes qui ne savent pas faire autrement que manipuler. Il est important de savoir que, plus une personne manipule les autres, plus elle se manipule elle-même.

Questions/Réponses entreprises

Quels sont les bénéfices pour l'entreprise, pour le participant ?

Au niveau qualitatif, l'ouverture d'esprit, l'authenticité et la créativité augmentent alors que la violence, le stress et la manipulation baissent. Au niveau quantitatif, les résultats de l'entreprise augmentent en fonction du développement de l'intelligence émotionnelle de ses salariés et, plus particulièrement, de ses cadres et dirigeants.

Par où doit-on commencer ?

Pour un changement culturel, nous commençons par le sommet hiérarchique et descendons progressivement au niveau du *middle management* pour terminer par les opérationnels. Pour une action moins profonde mais néanmoins efficace, il faut commencer par le *middle management* qui va influencer les opérationnels et, à un moindre degré, la direction.

Quelles sont les conditions de réussite pour développer son IE ?

Être ouvert à ce qui est nouveau sans *a priori*, sans préjugé. Être dans une structure qui permet un minimum de prise de risque et l'initiative. Identifier les retours sur investissement plutôt que la seule satisfaction des participants. Avoir soi-même, en tant que prescripteur, une certaine intelligence émotionnelle.

Quels sont les freins actuels pour se lancer dans une démarche IE ?

Un besoin de sécurité élevé dû à une insuffisance de pouvoir du prescripteur comme vouloir rester dans ses habitudes de travail et recommencer la même chose chaque année. On peut aussi observer un budget de formation *soft skills*, qui réduit à terme les compétences de l'intervenant.

Peut-on mesurer les résultats ?

Il est possible de mesurer les progrès qualitatifs et quantitatifs, à court terme et à long terme, mais peu de responsables le font aujourd'hui, car soit ils manquent de budget, soit ils ne savent pas le faire. Par conséquent, il y a une difficulté à faire la différence entre un séminaire agréable et un séminaire efficace à long terme.

Pourquoi l'entreprise doit s'interroger sur les différentes formes d'intelligence aujourd'hui ?

D'abord parce qu'il a été démontré, par Daniel Goleman lui-même, que différencier le QI et le QE permet de prendre conscience que ce dernier est à l'origine des 66 % de la réussite de l'entreprise (étude menée sur 200 entreprises internationales), ensuite parce que le développement des intelligences multiples est facteur d'épanouissement professionnel.

La DRH est-t-elle un centre de coût ou un centre de profit ?

Elle est considérée comme un centre de coût car l'entreprise ne sait pas encore mesurer la valeur ajoutée des compétences émotionnelles. Il est probable que les directions d'entreprise travailleront davantage avec leur direction des ressources humaines quand elles s'apercevront de sa capacité remarquable à augmenter ses résultats.

Pourquoi les responsables RH doivent s'intéresser au plaisir de travailler ?

Nous vivons dans une culture qui ne s'autorise pas à travailler dans le plaisir. Seuls la gestion du stress, des conflits et le harcèlement préoccupent l'entreprise alors que l'autre face de la pièce répondrait complètement à ses besoins.

Questions d'entraînement

Expliquez ce qu'est, pour vous, l'intelligence émotionnelle ?

....

....

....

....

Quelles personnes autour de vous semblent émotionnellement intelligentes ? En quoi se distinguent-elles des autres ? Quels résultats spécifiques obtiennent-elles ?

....

....

....

....

Décrivez une situation où vous avez été en colère au travail. Quel impact cela a-t-il eu sur votre performance ? Quel impact cela a-t-il eu sur les autres au travail ?

....

....

....

....

Parlez d'un moment où l'humeur de vos collègues, clients ou employés vous a affecté ?

....

....

....

....

Quel est l'impact de votre intelligence émotionnelle sur votre performance ?

....

....

....

....

Exercice d'illustration

Être présent sans juger

Nous avons pris l'habitude d'aborder les autres à travers des idées toutes faites, des préjugés, des *a priori.* De ce fait, nous n'avons pas de relations directes avec les autres, mais seulement par l'intermédiaire de l'image que nous nous faisons d'eux. Dans un premier temps, nous pouvons observer l'ancien système, fondé sur le jugement. Ensuite, nous essayons d'être avec l'autre sans le juger, d'être en sympathie avec lui sans projeter quoi que ce soit, sans essayer de le mesurer, de l'évaluer… Suspendre son jugement peut transformer nos relations, les rendre plus délicates, plus agréables et propices au partage.

Chapitre 2

L'intelligence émotionnelle, oui mais encore ?

<table>
<tr><td>

⬭ Objectifs

- Redéfinir notre intelligence pour mieux l'utiliser.
- Cultiver nos compétences émotionnelles.
- Intégrer la dimension émotionnelle dans la performance.
- Créer du sens à partir des expériences rencontrées pour ne plus subir.

</td></tr>
</table>

« Lorsque tu rencontres quelqu'un de plus compétent que toi, vise à l'égaler.
Lorsque tu rencontres quelqu'un de moins compétent que toi, dirige
tes pensées vers toi-même et remets-toi en question. »
Confucius

▣ CULTIVER NOS COMPÉTENCES ÉMOTIONNELLES

Quelles sont les stratégies à mettre en place pour élargir sa conscience, approfondir son estime, accroître son affirmation personnelle, concrétiser ses réalisations en milieu professionnel ou dans sa sphère personnelle ? Comment le manager va-t-il être ce qu'il désire, développer les compétences qui lui manquent ?

Dans les stratégies individuelles, le coach en intelligence émotionnelle peut observer et prendre conscience des forces et limites du manager, mais celui-ci ne peut avoir au départ le recul pour l'entendre. Par un travail progressif et global à la fois, le coach accompagnera ce dernier en identifiant la cible dans ses dimensions cognitive et affective. À partir d'un ensemble de principes comme l'implication, l'autodidaxie et la rétroaction des conditionnements qui orientent les étapes de l'accompagnement, le coach questionne le participant de manière récursive pour qu'il s'approprie de façon interactive la démarche et ses compétences, la direction et ses résultats.

Dans les stratégies collectives, l'entraîneur en intelligence émotionnelle va solliciter, mettre à l'épreuve et stimuler le potentiel de compétences des managers pour qu'ils apprennent à l'utiliser. Comme les spécialistes le savent, le degré d'implication demandé aux participants varie selon le type de compétence à acquérir : savoir, savoir-faire ou savoir-être. Dans ce dernier cas, l'attention est focalisée sur l'intériorité autant que sur l'extériorité. L'intériorité en termes de connaissances, d'expériences, de conditionnements, d'intelligence, mais aussi de sensations, de sentiments et d'émotions vécues pendant les entraînements. L'extériorité en termes de situation vécue, configuration de l'espace, organisation des groupes, événements rencontrés, interactions mutuelles, constats, surprises, synchronicités. Chacun des aspects individuels est pris en compte et mis au service de ses propres objectifs. Tous les phénomènes sont intégrés dans le champ d'observation, de contextualisation, d'utilisation au sens systémique. On a coutume de dire que le succès au travail dépend à 80 % de l'intelligence émotionnelle et à 20 % du quotient intellectuel. Tous les jours, les managers vivent des émotions sans savoir les gérer. N'est-ce pas intéressant de voir à quel point ils n'ont pas appris à vivre ni à utiliser leurs émotions ? Nous savons tous que, s'il dépasse son niveau de stress, le manager n'est plus créatif, pertinent ou adapté aux situations, mais va au contraire chercher à se protéger, se défendre et à entretenir des relations de pouvoir. Cette situation, multipliée par le nombre de managers sous tension dans l'entreprise, coûte beaucoup de décisions et d'initiatives inadaptées aux situations réelles. Selon Henry Mintzberg, un des auteurs contemporains les plus reconnus sur le management, nous ne faisons évoluer que ce que nous savons mesurer. Si la confiance est essentielle dans les performances, elle ne se mesure

© Groupe Eyrolles

pas directement et donc pas facilement. C'est comme l'histoire du passant qui perd sa clé dans la nuit et qui ne la cherche que sous la lumière du lampadaire. Cette métaphore nous laisse imaginer pourquoi les compétences émotionnelles n'ont pas encore été identifiées par les entreprises françaises, comparativement à l'importance des enjeux financiers et du développement durable. Il nous faut bien reconnaître qu'actuellement nous ne développons qu'une infime partie de notre intelligence, c'est-à-dire essentiellement notre intelligence logique et verbale, au sens du psychologue américain Howard Gardner. Il est donc important de reprendre les différents pôles de l'intelligence émotionnelle orientée sur trois axes pour la rendre opérationnelle et de voir comment nous pouvons développer chaque compétence émotionnelle pour mieux l'utiliser. Ces trois axes sont les compétences intrapersonnelles, interpersonnelles et transversales.

LES COMPÉTENCES INTRAPERSONNELLES

Elles représentent notre aptitude à observer les choses, à regarder profondément ce qui se passe autour de nous et en nous, la capacité à apprécier les choses, ce que l'on ne fait pas par peur d'en dire trop ou par peur d'être dépassé, mais aussi la capacité d'affirmation dans l'appréciation de soi-même et des autres. Ces compétences sont la conscience de soi, l'estime de soi, l'affirmation de soi et la réalisation de soi.

Enrichir sa propre conscience

Il nous faut voir comment les choses se passent de façon émotionnelle « de l'intérieur ». Que vivons-nous ? Dans quelles émotions sommes-nous ? Dans quel état affectif ? Chacun vit constamment un état émotionnel et il est logique d'observer ce qui se passe en soi, de considérer ses pensées, les images qui traversent l'esprit et de prendre conscience de nos émotions, de l'état affectif sous-jacent, qu'il est important de connaître pour agir de manière pertinente.

Par exemple, dans un état de crainte, il est important de s'exprimer pour rester authentique par rapport au contenu des paroles exprimées. Si, dans une réunion de travail, un manager est parasité par une appréhension ou s'il est en colère à cause d'un événement qui s'est produit avant la réunion, il est important de prendre en compte cet état, d'en avoir conscience et de l'exprimer. Dans tous les cas, même s'il ne souhaite pas l'exprimer devant les autres, il est obligé d'en prendre affectivement conscience pour s'en libérer. Le risque, s'il ne le fait pas, étant de faire baisser l'efficience de la réunion.

La conscience telle que la définit le dictionnaire n'est pas vraiment opérationnelle, et ne nous sert pas pour construire une stratégie de développement. Cette compétence peut être floue, vaste, dire tout et rien à la fois. Parler de conscience de soi reste encore trop général, car il faut arriver à la rendre opérationnelle, à pouvoir la développer d'une manière pratique et à la sortir de son contexte initial.

Comment arrive-t-on à traduire la conscience de soi et de ses émotions en quelque chose qui va être pratique, pragmatique et utilisable ? C'est encore une fois tout l'objet de l'intelligence émotionnelle. Nous proposons de travailler sur la conscience de ce qui se passe autour de soi, à l'extérieur de soi et ensuite de passer à ce qui se passe à l'intérieur de soi. Il est souvent difficile d'observer tout de suite ce qui se passe en soi à cause des parasites qui viennent perturber nos pensées. Ce sont autant de préjugés qui nous empêchent de voir en nous. En revanche, il est plus facile de voir ou d'entendre ce qui se passe à l'extérieur, pour petit à petit identifier ce qui est factuel et le différentier du subjectif qui est induit par un ensemble de préjugés.

En somme, la conscience de soi, c'est apprendre à observer, à percevoir les choses telles qu'on les voit, telles qu'on les entend, de la manière la plus factuelle possible. En coaching, l'exercice le plus simple consiste à mettre des mots sur ce que « je » perçois. En séminaire, nous faisons remarquer aux personnes présentes qu'il se passe certaines choses dans la salle. Nous leur demandons de les identifier, de révéler ce qu'elles voient ou tout simplement ce qu'elles entendent. Finalement, cela n'est pas si simple parce que cet exercice nous oblige à rester en réceptivité par rapport à ce qui se passe autour de nous. C'est une des choses les plus difficiles à faire : la séparation entre le regard subjectif et le regard objectif de ce qui se passe à l'extérieur de chacun d'entre nous.

> Guillaume est un chef de projet prévu en tant que sous-traitant pour une durée de trois mois chez un client. Il encadre deux personnes. Lors d'une réunion, il prend conscience de l'inquiétude du chef de projet client. Il s'empresse de le soutenir en lui disant : « On est là pour aider à la réussite de la mission ! », ce que ce dernier apprécie non seulement au niveau technique, mais de manière globale. Son employeur intervient directement ; finalement, Guillaume restera plus d'un an.

Pratique du coach

L'exercice consiste à faire entrer une personne dans la salle sans en avertir le groupe et de demander à chacun d'observer ce qui se passe. Quand la personne entre dans la salle, il y a un temps d'observation, puis chaque personne note ce qu'elle a observé.

Le groupe s'aperçoit vite que les observations sont toutes différentes. Certains notent une manière de marcher, d'autres celle de saluer, ou bien : « Je le trouve très amical dans sa manière d'arriver » ou : « Il a une démarche légère. » C'est bien la preuve de notre subjectivité.

Nous pouvons confirmer qu'il n'y a pas de vérité en soi. Il y a un ensemble d'interprétations de ce qui se passe réellement et non des observations factuelles.

Ces dernières pourraient être de la forme : « Je remarque que sa démarche est rapide », « Qu'il a souri en entrant », « Qu'il a fait un geste pour saluer»… On aurait affaire alors à des éléments factuels, et force est de constater que le groupe a du mal à les définir. Dans une réunion de travail, on a tendance à interpréter une attitude sans s'en rendre compte, à confondre la réalité du comportement d'une personne avec la projection et les propres peurs de celui qui l'observe. Bien entendu, cela influence fortement le degré d'efficacité de la réunion, surtout si des tensions sont présentes. On comprend toute l'importance de revenir à des choses fondamentales et basiques sans sous-estimer la difficulté de la tâche à observer les choses. L'essentiel est d'être plus dans le des-criptif que dans l'interprétation.

Pratique du coach

Cet exercice dure environ cinq minutes. Il consiste à mettre en situation deux personnes « au centre » et de faire travailler les observateurs placés autour, qui vont décrire ce qu'ils observent. Pendant le coaching, les observateurs doivent rester le plus neutre possible, le plus factuel, sans interpréter ; ils doivent juste observer. On ne sera pas surpris de constater que 90 % des observations sont des interprétations et non des éléments factuels. Notons également que même lorsque les personnes qui assistent à ces groupes sont des professionnels de la relation, elles donnent des interprétations liées à leur métier.

L'utilisation de notre conscience nous ayant appris à observer les autres plus factuellement, nous commençons à développer notre estime personnelle en étant plus conscient. À présent, nous nous sommes observés et nous savons ce que nous devons faire ou ne pas faire, ce que nous aimons en nous et ce que nous n'aimons pas. Cela peut être vécu de manière négative si nous avons des attentes par rapport à nous-mêmes ou si l'entreprise dans laquelle nous travaillons a des attentes ou encore lorsqu'un de nos directeurs a des attentes qui ne correspondent pas à nos compétences actuelles. Si nos attentes sont dans la sphère de nos compétences, elles vont nous stimuler, mais si elles les dépassent, cela nous porte à appréhender l'échec.

Accroître l'estime de soi

Il y a une logique dans la pédagogie des compétences qui sont inter-reliées. Il est donc important qu'elles soient abordées dans un ordre qui facilitera l'intégration de la compétence suivante. Nous avons vu que la conscience de soi était la première compétence émotionnelle et, de façon pratique, comment se déroulait l'entraînement pour l'aborder et connaître nos limites. Le niveau d'estime de soi n'est jamais figé. On peut avoir plus ou moins d'estime de soi, mais tout le monde sait reconnaître son importance au travail. Nous la définirons comme une capacité à s'aimer, à s'accepter tel que l'on est, comme une aptitude à s'accepter en tant que manager dans chaque situation professionnelle. On confond souvent « surestimer » et « s'estimer à juste titre ». En réalité, une personne qui se surestime ne s'estime pas suffisamment et veut montrer aux autres qu'elle a de la valeur pour compenser un manque chez elle. Souvent, on craint une trop grande estime de soi, mais en vérité la prétention n'en est qu'une apparence trompeuse. Ne pas avoir d'estime personnelle se manifeste soit en se soumettant aux autres, soit en se considérant au-dessus d'eux. Ce qui est important, c'est que chacun s'approprie cette compétence, fasse en sorte de trouver un moyen de développer sa propre estime personnelle. Pour l'augmenter, nous savons qu'il est important de se voir d'une manière positive. Il s'agit aussi de dire la vérité sur nous-mêmes, simplement, de voir où nous en sommes aujourd'hui. L'estime concerne notre être, tandis que la confiance est de l'ordre du « faire ». Cela veut dire que nous pouvons avoir confiance en nous et ne pas avoir d'estime pour nous-mêmes. Et, inversement, nous pouvons avoir une forte estime tout en n'ayant pas confiance en nous dans un domaine professionnel. C'est le cas des responsables lorsqu'ils sont promus à de nouvelles fonctions. Il est compréhensible qu'ils n'aient pas confiance en eux pendant une première période.

Aujourd'hui, dans la majeure partie des cas, un professionnel devient manager parce qu'il est efficace dans une fonction technique. Or cette efficacité est souvent liée à ses compétences techniques alors que le management est surtout une affaire de compétences émotionnelles.

Lors d'un premier entretien avec un client, Frédéric a été présenté comme un « apprenti ». Plutôt que de s'irriter pendant l'entretien, ce qui aurait abouti à réduire ses chances de réussite, il a choisi d'accepter ce jugement désagréable et de répondre par son implication sur ce projet. Finalement, la mission qui devait durer deux mois s'est prolongée un an, compte tenu de sa valeur ajoutée apportée au projet. Frédéric a fait gagner dix mois de prestations à son employeur et a renforcé sa confiance personnelle pour les missions suivantes. Sans parler de la réussite du projet pour le client !

Pratique du coach

Au cours d'une réunion, une professionnelle de l'accompagnement qui connaît bien l'intelligence émotionnelle pose une question concernant le sens de la maîtrise des émotions sur le ton de la colère. Il était important de prendre en compte cette dernière information car, sans elle, nous aurions répondu à la question d'une manière cognitive, et serions passés à côté de quelque chose d'important. Cette situation était donc modélisante pour les participants car nous avions l'occasion de montrer comment prendre en compte nos émotions quand elles se présentent. Nous avons donc choisi de ne pas répondre à sa question sur les émotions et d'observer l'émotion qu'elle vivait. D'autant plus qu'elle n'en avait pas encore pris conscience. Ce que nous pouvons dire ici, c'est que l'intelligence émotionnelle n'est pas vraiment une question de métier ni de connaissance en psychologie, mais une question de vécu ou de savoir-être. En mettant le doigt sur cette émotion, nous avons montré au groupe la différence entre « être émotionnellement intelligent» et « comprendre l'intelligence émotionnelle ». Si nous avons conscience de nos émotions, nous avons de l'empathie envers nous-mêmes et les autres. Nous pouvons alors accompagner la personne dans son questionnement et dans les besoins qu'elle exprime à travers ses états affectifs. Assez rapidement, cette professionnelle a pris conscience de quelque chose qu'elle ne voulait pas voir et a finalement accueilli les raisons de sa colère. Une ouverture s'est donc créée et lui a permis de s'exprimer sur ses émotions.

Avoir de l'estime pour nous n'exclut pas d'être critique. On peut évaluer notre travail sans porter de jugement sur nous-mêmes. De même, observer factuellement nos compétences ou nos qualités professionnelles n'est pas la même chose que nous juger dans notre travail. Dans le second cas, nous n'avons aucun élément précis pour progresser. Dans le premier, nous voyons tout l'intérêt à dire ce qu'un manager n'apprécie pas chez une personne de manière factuelle. Par exemple : « Voilà ce que j'apprécie chez toi », ou au contraire : « Voilà, ce que je n'apprécie pas chez toi », de façon que le collaborateur puisse progresser et évoluer. Pour reconnaître sa vraie valeur, il est important d'avoir conscience des attitudes, des postures ou encore des phrases qui sont dévalorisantes. Mais cela ne suffit pas, il faut aussi voir ce qui va renforcer cette valeur chez cette personne.

Comme reconnaître chez elle ce qui répond à l'objectif du manager. Ce dernier pourra alors dire : « J'ai beaucoup apprécié le travail que tu as fait » ou : « Le projet a donné toute satisfaction au client. » Cette gratification sera juste tout en restant factuelle... Car se valoriser, c'est tout d'abord apprendre à valoriser les autres.

Renforcer l'affirmation de soi

Dans cette compétence qui arrive après l'estime de soi, nous sommes dans l'expression d'un point de vue, d'une idée, d'un sentiment par rapport à un travail. L'affirmation de soi, ou *assertiveness* selon le modèle anglo-saxon, est cette capacité à dire ce que nous pensons ou ressentons, à exprimer nos convictions, nos idées, nos points de vue. Bref, à oser dire aux autres ce que l'on pense.

On croit à tort que s'affirmer, c'est prendre la parole en public, savoir être dans l'expression de quelque chose. C'est la partie importante de l'affirmation de soi, mais elle n'est pas suffisante. Car on ne peut pas s'affirmer vis-à-vis d'une personne en ne la laissant pas s'exprimer. Comme la communication, l'affirmation de soi n'est pas séquentielle de moi vers l'autre, c'est quelque chose de rétroactif qui va dans les deux sens. C'est la capacité à dire ce que nous pensons et ressentons et la capacité à entendre ce que l'autre pense et ressent. À cette condition, et même si cela n'est pas facile, l'affirmation de soi va générer de l'efficacité dans l'entreprise et dans l'équipe. On peut dire ainsi que l'affirmation de soi demande une double compétence : savoir s'exprimer et savoir écouter.

Claude a présenté et vendu un projet sur lequel le représentant du client avait, au départ, une image défavorable. Par son écoute et en acceptant le point de vue de ce représentant sans essayer de se justifier, Claude s'est focalisé sur les besoins de ce dernier et a obtenu la responsabilité du projet qui se déroule depuis un an avec deux intervenants. Personnellement, son sentiment de capacité s'est renforcé et son employeur a, estime-t-il, gagné plus de 1 million d'euros à ce jour. Le client a une entière confiance en lui et le projet en question a réussi dans les délais.

Quand nous sommes en mission ou en intervention en qualité de manager ou de consultant, nous avons des compétences métier qui ne sont pas utilisées comme elles devraient l'être. Or l'estime de soi et l'affirmation de soi permettent à nos compétences métier (techniques) d'être déployées. Si nous ne savons pas nous affirmer, nous n'utilisons qu'une partie du potentiel de nos compétences métier. Il y a un lien direct entre ces dernières et nos compétences émotionnelles. On le voit bien dans l'affirmation de soi.

Un consultant n'osait pas intervenir dans des réunions pour donner son point de vue alors qu'il était un expert dans son domaine. Il était impressionné par le directeur qui imposait son point de vue et aussi par le nombre de personnes présentes lors de la réunion. Une situation dans laquelle le potentiel de la personne et ses compétences métier n'étaient pas utilisés.

Un consultant gère une petite équipe et reçoit régulièrement des demandes d'intervention de la part d'un client interne. À cause des délais ou des conditions difficiles, ces demandes ne sont pas réalisables.

Là, le manager a dû faire preuve d'affirmation personnelle. S'il n'avait pas osé se confronter à son client hiérarchiquement supérieur, son manque d'assurance se serait renforcé. En somme, plus nous nous affirmons et plus s'affirmer est accessible.

Nous pouvons aller plus loin en disant que si nous savons quelque chose, mais que nous n'en sommes pas conscients, c'est comme si nous ne le savions pas. Si nous avons des compétences métier et que nous ne savons pas les exprimer, les utiliser, les partager, c'est comme si nous ne les possédions pas. Dans le cas de cette non-utilisation, c'est toute l'entreprise qui « paye » cette incompétence émotionnelle.

Dans le cadre du séminaire, l'affirmation de soi se travaille à partir d'arrêts sur image sur des situations pour souligner cette compétence. On prend des cas vécus par les participants qui vont souligner les forces et les faiblesses de chacun dans leur capacité d'affirmation. Les exercices consistent à partager son vécu, ses émotions avec le groupe vis-à-vis d'une personne et/ou vis-à-vis du groupe. Dans une négociation, dans une relation interne client-fournisseur, ce qui fait la différence, ce n'est pas la connaissance du produit comme on le prétend souvent, mais son intelligence émotionnelle, sa posture, son positionnement face aux arguments de son interlocuteur. Dans la capacité d'affirmation de soi dans ses relations internes, il est nécessaire de s'affirmer, de s'expliquer : c'est ce qui fait un leader. On doit se mettre en parité avec son interlocuteur pour expliquer ce qu'il est possible de faire ou non.

Accroître la réalisation de soi

Dans la réalisation de soi, nous définissons notre capacité à accomplir les choses, à donner un sens à notre capacité d'affirmation. C'est-à-dire bâtir des projets, se réaliser soi-même, répondre à ses besoins les plus profonds, répondre à ses valeurs, à ses buts, à tout ce qui a de l'importance pour nous. Nous savons qu'en intelligence émotionnelle, nous avons besoin d'être concrets, de mettre en pratique, d'opérationnaliser des concepts. Pour un manager, plus il se connaîtra lui-même, plus il aura de chances de se réaliser. Il en va de même pour l'équipe qui a une vie à part entière, des valeurs et des objectifs à atteindre. Ainsi, se réaliser, c'est répondre à des aspirations, à des compétences de manière pratique. En somme, c'est arriver à mettre en acte ses qualités émotionnelles.

Valérie savait s'affirmer, mais n'arrivait pas à réaliser un projet professionnel qui lui tenait à cœur, à cause d'événements traumatisants qui s'imposaient à elle chaque fois qu'elle remettait de l'énergie dans cette entreprise. Il a fallu qu'elle se relie émotionnellement à ces événements douloureux pour voir progressivement son visage se transformer au fur et à mesure de ses prises de conscience.

Marine est une personne intelligente et rigoureuse qui souhaitait changer de métier. Elle avait un poste à responsabilités dans un grand cabinet de conseil et cherchait à se lancer dans la chanson. Sa détermination était impressionnante puisqu'elle a travaillé pendant plus de neuf mois pour réaliser son projet professionnel. Chaque séance de coaching était optimisée au maximum et elle avait une réceptivité permanente pendant chaque séance. Toutes ses compétences avaient été entraînées, mais celle qui reflétait le mieux cet accompagnement était vraiment sa capacité de réalisation. Le coaching s'est terminé quand elle a commencé à se produire dans les premières salles de spectacle parisiennes. Sans conteste, Marine est un bel exemple de réalisation professionnelle, qui montre que tout est possible si l'on est déterminé.

Pratique du coach

On peut avoir une capacité d'affirmation de soi, mais, au moment du passage à l'acte, rencontrer des freins ou des blocages. Ce fut le cas d'une participante à un séminaire pour devenir coach.

Tant que nous étions dans la prise de parole et dans l'échange, cette personne très intelligente comprenait très vite et intégrait parfaitement les événements. Mais elle rencontrait un blocage dès qu'il s'agissait de mettre en pratique, donc en actes, ses compétences de coach. Nous étions au cœur du problème de la réalisation personnelle. Nous avons fait alors un certain nombre de décodages, d'observations, de liens riches et intéressants qui petit à petit lui ont permis d'utiliser son potentiel et ses connaissances, de mettre en action ce qu'elle savait déjà de son métier de coach. Que se soit dans son rôle de coach ou dans son rôle relationnel, elle se retrouvait devant ce blocage et donc devant la difficulté à construire avec son client, à aller au bout d'un processus.

LES COMPÉTENCES INTERPERSONNELLES

Les compétences interpersonnelles correspondent à notre aptitude à être en interaction avec l'autre. C'est notre capacité relationnelle liée à l'écoute, dans la prise de contact avec l'autre personne. Comment faisons-nous quand une relation démarre ? Quelles sont les émotions que nous vivons à ce moment-là ? Dans cette prise de conscience, nous augmentons notre aptitude à nous mettre en relation et à optimiser les relations que nous avons avec les autres. On peut ainsi définir ces compétences comme celles qui nous permettent la compréhension de l'autre, l'écoute multiple, les expressions, les émotions, la posture, la gestuelle, la relation, la capacité relationnelle et la responsabilité.

Enrichir son écoute

L'écoute est la capacité à être en phase avec l'autre, à être empathique vis-à-vis de l'autre. L'expérience a montré qu'en France, nous avons moins besoin d'affirmer que d'écouter. Beaucoup de managers ont d'énormes difficultés à écouter l'autre, écouter non seulement sa manière de s'exprimer, mais aussi sa gestuelle et à détecter ainsi ce qu'il y a au-delà des paroles.

Bien sûr, nous avons tous notre capacité relationnelle. Mais on peut poser ici la question de ce que l'on veut développer dans notre capacité relationnelle puisque cette dernière dépend de notre écoute active. Grâce à l'écoute, nous pouvons être vraiment en relation avec l'autre et développer cette relation. La capacité d'écoute, c'est aussi notre aptitude à éviter le jugement de l'autre. Les jugements ne sont que des interprétations subjectives qui nous éloignent de la réalité de cette personne. Nous ne sommes plus en relation avec elle quand nous lui collons une étiquette, nous sommes en relation avec l'image que nous avons d'elle.

Pratique du coach

Lors des entraînements, les participants ont été surpris de constater à quel point leurs facultés étaient aiguisées car ils ne sollicitaient que l'un après l'autre les différents sens (ouïe, vue, toucher…) au lieu de les utiliser tous ensemble, c'est-à-dire qu'ils observaient les différents aspects de la personne avec chacun de leurs sens. Au fur et à mesure, les participants apprenaient à être de plus en plus factuels et de moins en moins interprétatifs dans l'observation des émotions, des attitudes et des expressions.

Augmenter sa capacité relationnelle

Il s'agit de notre capacité à initier, entretenir et arrêter une relation comme nous le souhaitons, qui nous satisfait par sa profondeur et son étendue autant que notre partenaire. Cette capacité relationnelle est liée à l'écoute et à la prise de contact avec l'autre personne, en se posant la question du démarrage de cette relation. Quelles sont les émotions que nous vivons quand nous commençons une relation ? Dans cette prise de conscience, nous augmentons notre aptitude à nous mettre en relation et à optimiser les relations que nous avons avec les autres. Ensuite, il faut entretenir les relations avec les autres, avec son collègue, son coéquipier, son collaborateur ou encore son manager. C'est autant faire vivre l'aspect cognitif de la relation que l'échange émotionnel et affectif. C'est oser savoir le faire et écouter chez l'autre une autre dimension. La relation, c'est accueillir chez l'autre sans le juger ce qu'il va exprimer au niveau métier et au niveau personnel. Cela est valable avec un confrère ou un client. Il s'agit de dialoguer en confiance non seulement sur le métier et sur les objectifs, mais aussi sur le vécu du client.

Pratique du coach

Les difficultés étaient différentes selon les participants d'un séminaire, Certains avaient du mal à créer des relations, d'autres à les entretenir et à les enrichir, d'autres encore à arrêter les relations qui ne leur apportaient plus rien. Une participante disait qu'aucune de ses relations n'avait été initiée par elle et était frustrée de ne pas avoir créé certaines relations. Un consultant disait qu'il avait des relations professionnelles « imposées » du fait qu'il n'osait pas blesser ses interlocuteurs. Ces situations sont courantes et nécessitent de s'en occuper vraiment pour se recentrer sur ses relations enrichissantes et surtout choisies. Des mises en situation permettent d'identifier les blocages et de voir que la posture affirmée dans la relation est plus facile à prendre qu'elle le paraît a priori.

Accepter et développer sa responsabilité

Pour rendre opérationnelle cette compétence émotionnelle, il faut être dans une posture active et se questionner à partir de son vécu. Puisque nous sommes responsables de ce que nous vivons, nous pouvons en réaliser le sens. Et à cette condition, grandir à partir de chaque situation agréable ou désagréable. On sait bien que c'est dans la difficulté que l'on progresse. Nous ne devons pas nous enfermer dans un jugement de valeur pour trouver un bouc émissaire, mais au contraire prendre la part de responsabilité de ce que nous voyons et de ce que nous vivons. Dans l'entreprise, plus les équipes sont soudées, plus elles génèrent une stabilité et plus l'entreprise gagne de l'argent.

Dans les situations de crise sociale, économique ou politique, cer- taines personnes ont tendance à accuser une minorité, à la considérer comme coupable de ses propres malheurs. Évidemment, cette pos- ture ne règle rien, ni pour l'accusateur ni pour le bouc émissaire. L'accusateur ne se donne aucune chance de sortir de la situation en restant dans ses juge- ments, en critiquant, en condamnant. L'attitude non responsable entretient le problème. Cette notion de responsabilité est valable non seulement au niveau social, mais aussi au niveau professionnel.

LES COMPÉTENCES TRANSVERSALES

Les compétences transversales représentent notre aptitude à opti- miser nos expériences, à évoluer à partir des situations de crise et à accompagner les autres vers une plus grande autonomie. Ces trois compétences transversales sont : l'optimisme – au sens d'optimiser et d'apprécier–, la résilience – pour dépasser les situations de crise personnelles ou collectives – et l'accompagnement par le coaching ou la cohésion de l'équipe.

Pérenniser son optimisme

L'optimisme est une posture orientée sur les autres et sur la vie en général. Il s'agit de voir l'aspect positif des choses et d'être capable d'optimiser les situations sans méfiance. Cette compétence prend légitimement sa valeur à la suite de la prise de responsabilité, car si nous nous sentons responsables de ce que nous vivons, nous deve- nons optimistes. Être optimiste, c'est faire un choix, c'est prendre un risque. Nous décidons de ne plus critiquer ce que nous vivons et de ne pas porter de jugement de valeurs. Au contraire, nous évaluons, nous apprécions, nous donnons du sens, nous optimisons une situa- tion pour en donner l'essentiel. Comment développer ses capacités à optimiser une situation ? Nous acquérons la capacité à être opti- miste quand nous vivons une situation sans la juger, en la regardant profondément et en cherchant en quoi elle va nous apprendre quel- que chose sur nous, sur notre relation et sur notre travail. Nous sommes alors dans une posture d'optimisation de ce que nous vivons et non plus dans la critique.

Jean disait que le fait d'être né dans une famille modeste l'avait empêché de faire des études en architecture comme il en avait envie, et il le reprochait à ses parents. Il s'était rendu compte qu'il avait le choix entre continuer à reprocher cette situation aux autres ou observer ce qu'elle lui avait apporté. Finalement, il a reconnu qu'il avait satisfait son insatiable curiosité autrement, qu'il s'était dépassé professionnellement en utilisant sa créativité dans des domaines passionnants.

Accroître sa résilience

La résilience est notre capacité à rebondir, à être plus fort après une expérience douloureuse et relativement grave comme un licenciement, une mise au placard, un harcèlement, un dépôt de bilan, un divorce, un accident... Cette compétence peut être innée ou acquise, comme toutes les compétences émotionnelles. Naturellement, nous avons tous cette aptitude, mais ce qui change d'une personne à l'autre, c'est la durée entre l'incident et la récupération, et entre la récupération et le dépassement de soi. Si je suis pessimiste, je vais avoir du mal à être résilient. C'est pourquoi notre capacité à être optimiste est liée directement à notre capacité à nous adapter, à être flexible et même à créer un nouvel environnement, un nouveau point de vue vis-à-vis de cette situation de crise. Grâce à la compétence de la responsabilité, nous pouvons nous approprier cette crise, ce traumatisme que vit l'entreprise et l'affronter en qualité de manager.

Être résilient, c'est s'enrichir des situations de crise au sein de l'entreprise ou des situations de crise de l'entreprise dans son environnement et son marché. Dans ses cycles économiques, si une entreprise est résiliente, elle continuera à fonctionner dans une situation de récession et de difficultés. C'est même cette résilience qui lui permettra de traverser ces situations. Dans la crise, l'entreprise peut adopter une posture de peur, en supprimant les budgets, en arrêtant des investissements ou en se focalisant sur la réduction des dépenses. Au contraire, elle peut profiter de cette opportunité pour apporter une valeur ajoutée qu'elle n'aurait pas eue en d'autres temps. Comme pour le manager, c'est dans une situation de crise que l'entreprise peut progresser le plus. Si nous sommes résilients, nous faisons preuve de confiance. Cela veut dire que nous pouvons rester centrés sur nous-mêmes dans des moments de tension, de difficultés, de violence, voire de danger.

Pratique du coach

Nous avons remarqué que les dirigeants qui progressent le plus vite sont ceux qui intègrent le plus rapidement les situations difficiles. Ils arrivent à véritablement rebondir et à utiliser les situations de crise. Les difficultés les rendent plus forts. Ils en arrivent à avoir de la gratitude pour ces expériences douloureuses.

Approfondir ses accompagnements

Cette compétence, qui intègre les précédentes, est notre capacité à transmettre aux autres nos propres compétences métier et émotionnelles précédemment acquises. L'accompagnement représente notre capacité à autonomiser nos collaborateurs, les participants à nos formations ou nos clients en coaching. De plus, on remarque souvent au sein de l'entreprise une peur liée au fait que des collaborateurs nous dépassent ou qu'ils utilisent des connaissances et des informations contre nous. Pour éviter cette peur, il est nécessaire de développer les compétences intra et interpersonnelles avant celle de l'accompagnement. La transmission que nous faisons lors de l'accompagnement va stimuler nos capacités à observer, questionner, écouter et à accompagner l'autre vers plus d'autonomie affective et dans son métier.

Lors de la mise en place d'une solution de gestion de portefeuilles, Dany avait la possibilité de réaliser lui-même le projet ou de le déléguer à un ingénieur. Souhaitant quitter ce projet, il a opté pour la deuxième solution, même si le client disait qu'il fallait six mois pour rendre un intervenant opérationnel. En s'appuyant sur ses qualités de coach, en particulier son aptitude à encourager et valoriser, il entreprend d'accompagner l'ingénieur pour le mettre à niveau afin de s'en libérer. Finalement, il lui a fallu un mois et demi pour le rendre opérationnel. Les avantages ont été remarquables pour tous. Pour le collaborateur qui s'est accompli de manière exceptionnelle et qui s'appuie aujourd'hui sur cette réussite pour évoluer dans sa carrière. Pour le client qui a profité du résultat dans les délais pour un coût identique. Pour l'employeur qui a recruté deux nouvelles ressources pour ce client et a actuellement une perspective pour intervenir sur un nouveau projet. Ce qui n'a pas empêché Dany de travailler sur un autre projet plus attirant pour lui compte tenu de ses objectifs personnels.

Si nous avons abordé jusqu'à présent les compétences émotionnelles au niveau des individus, il est tout aussi important de les considérer au niveau de l'équipe et de l'organisation tout entière, surtout si l'on est manager ou dirigeant. Un directeur commercial a tout intérêt à développer les compétences émotionnelles de ses managers non seulement par ses propres accompagnements, mais aussi, au début, avec l'aide d'intervenants extérieurs. En effet, plus les collaborateurs sont proches de lui et plus il est difficile pour le directeur de garder du recul. Il est donc conseillé d'imprégner l'ensemble de son équipe de cette culture avant d'aller plus loin avec eux. Un DRH a les mêmes besoins que le directeur commercial, car il gagne à être modélisant avant de renforcer les compétences émotionnelles de ses cadres tant au sein de sa direction que de l'entreprise tout entière. De plus, le directeur général qui souhaite développer une culture en intelligence émotionnelle au sein de son entreprise aura tout intérêt à s'impliquer et à montrer l'exemple.

Les dix compétences émotionnelles

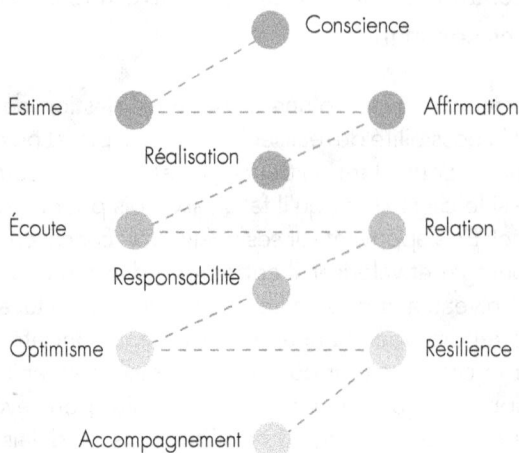

Il y a quelques années, un comité de direction avait demandé de renforcer l'intelligence émotionnelle des salariés de leur entreprise. Tous les dirigeants ont su s'impliquer personnellement dans cette démarche et tous les salariés ont participé à une ou plusieurs sessions d'entraînement. Au bout d'un an, les résultats étaient surprenants, tant en termes relationnels qu'au niveau des résultats.

▣ DE LA CONSCIENCE À LA MAÎTRISE DES ÉMOTIONS

Il semble bien que nous avons tendance à nous situer par rapport aux extrêmes, c'est-à-dire au meilleur… ou au pire. Par exemple, nous sommes focalisés sur toutes sortes de records, les superlatifs, les élites, etc. Or nous ne voyons pas souvent l'importance et la valeur de l'équilibre entre les choses : la vie, la santé, le bonheur, l'épanouissement ne sont-ils pas une question d'équilibre ? Nous avons surdéveloppé nos capacités rationnelles sans mesurer l'importance de l'émotionnel, or nous avons ces deux dimensions et chacune est nécessaire à notre réalisation personnelle et professionnelle. Carl Gustav Jung, psychiatre suisse du siècle dernier, l'a bien compris, quand il expliquait l'importance de développer de la manière la plus équilibrée possible les fonctions psychologiques que sont l'intuition, la pensée, le sentiment et la sensation.

De même, nous avons aussi mis, trop souvent, en valeur notre « Avoir » et notre réussite et l'avons opposé à notre « Être » et à notre accomplissement, comme l'a exprimé avec talent le philo-sociologue Erich Fromm, qui considérait la révolution de l'amour comme l'unique alternative à la destruction de l'humanité. Il est l'auteur d'un grand nombre d'ouvrages dont *Avoir ou être – Un choix dont dépend l'avenir de l'homme*[1].

---

1. FROMM Erich, *Avoir ou être – Un choix dont dépend l'avenir de l'homme*, Robert Laffont, 1978.

Quel est notre degré de cohérence entre les trois pôles que constituent la dimension dynamique d'accomplissement, notre singularité
et la présence qui se dégage de notre personne ?

Interactions entre singularité, présence et accomplissement

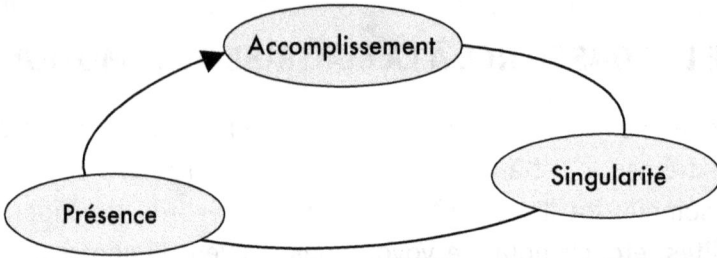

Plus une personne réalise une activité proche de sa singularité, de
ses talents, de son unicité, plus elle pourra dégager une présence
forte et une sérénité par un juste équilibre entre ses capacités cognitives et émotionnelles. À l'école, une prise de conscience est en train
de se faire, mais nous continuons encore à donner de l'importance à
l'accumulation des connaissances, au stockage des informations
alors que notre part créative, intuitive, émotionnelle est quasiment
ignorée, même si l'intelligence émotionnelle est un facteur essentiel
d'adaptation à la complexité croissante des organisations.

MAÎTRISE OU CONTRÔLE DES ÉMOTIONS ?

Cela nous entraîne à dire qu'il y a une confusion entre maîtrise et
contrôle de ses émotions. Maîtriser ses émotions nécessite au préalable de passer par plusieurs étapes. Les contrôler signifie vouloir les
retenir à tout prix, les refouler ou les ignorer. Ce que nous faisons
souvent par méconnaissance des conséquences néfastes de cette
attitude. Maîtriser ses émotions, c'est au contraire commencer par
apprendre à les observer attentivement et systématiquement dans le
contexte des éléments factuels de la situation. Nous pouvons décrire
en quoi une émotion est un problème, mais quand nous décrivons
l'environnement dans lequel nous éprouvons cette émotion, nous

décrivons ce qui se passe à l'intérieur de nous et ce que nous éprou-vons pour extérioriser cette émotion : les mots, les pensées, les images que nous mettons sur ces émotions sont fonction de notre culture. Une émotion a pour but de libérer une tension. En observant ce qui se passe à l'intérieur de nous dans un environnement donné, nous arrivons à mieux maîtriser nos émotions.

Il faut ensuite remplacer ce que nous n'avons pas apprécié, comme une émotion de tristesse, de colère, de dépit… Pour y parvenir, de façon à reconstruire progressivement notre schéma de pensée, il nous faut visualiser quelles émotions nous avons envie de vivre dans cette situation, les images, les réactions que nous voulons voir, entendre en substitution. En visualisant ce nouveau schéma, les émotions que nous choisissons, nous identifions un certain nombre de freins, par exemple des peurs, afin de construire notre nouvelle manière d'être.

Trois étapes clés pour maîtriser ses émotions

OBSERVER	**ACCEPTER**	**UTILISER**
Émotions-Besoins	Extérioriser	Réexpérimenter

QUELQUES COMPLÉMENTS

Marshall Rosenberg, ainsi que nous l'avons vu, a inventé une mé-thode appelée « la communication non violente », qui s'appuie sur un modèle mettant en avant l'observation, le senti, le besoin et la demande. Si nous ne demandons pas à l'autre d'adapter son comportement, son attitude, sa posture par rapport à nous, il ne peut pas y avoir d'ajustement dans notre relation. Ce schéma s'applique quand une situation demande une action qui correspond à ce qui est agréable pour nous dans ce que nous avons visualisé. Ou encore, dans une prise de décision, nous voyons ce qui se passe par rapport à elle et ce que nous ressentons : des peurs, des croyances qui peuvent la freiner, agréables ou pas. Nous allons utiliser nos émotions pour vérifier que notre décision est bonne, que notre demande est pertinente et si ce que nous avons décidé répond à nos véritables besoins. Et si c'est agréable, c'est que nous avons recondi- tionné nos émotions. Si nous avons du mal à le faire, c'est qu'il y a des croyances, des pensées non conscientes que nous n'avons pas encore maîtrisées ; mais nous le ferons avec le temps, en visualisant et en revivant des expériences similaires. En somme, il s'agit d'un cycle de maturation à partir duquel nous pouvons agir avec le moins de violence possible.

Le processus de la communication non violente

OBSERVATION	**SENTI**	**BESOIN**	**DEMANDE**
Faits	Émotions	Désirs, valeurs	Précise, positive

Deux autres acteurs importants ont permis d'avancer dans le domaine de la maîtrise des émotions : le docteur Thomas Gordon et Jacques Salomé. Sur le processus de maîtrise des émotions, Thomas Gordon énonce trois étapes : la description du comportement, les effets concrets de ce comportement sur l'autre et le ressenti.

Par exemple : « Quand tu me donne des ordres, je dois réagir car je sens la colère monter ! »

Jacques Salomé intègre deux éléments intéressants : le retentisse- ment, c'est-à-dire ce à quoi notre histoire nous renvoie, et ce que nous en pensons (les idées qui émergent). Si nous illustrons, cela donne l'exemple suivant :

« Quand tu me donnes des ordres, je sens la colère monter, car ça me rappelle mon premier manager qui tapait sur la table quand il n'était pas d'accord ; et je pense que nous pouvons établir une relation de complicité. »

Josseline est un manager responsable qualité qui avait l'habitude de se mettre dans de fortes colères qu'elle ne pouvait pas contrôler face à ses coéquipiers et des clients internes. Cela a duré pendant des années. Après un premier séminaire, elle annonce qu'elle n'est plus en colère comme auparavant. Cela lui arrivera encore, mais rarement. Comment a-t-elle réussi à réduire sa colère de 80 % ? Au lieu de la traquer ou chercher à la contrôler, elle s'est mise à l'écouter, à l'accueillir, et c'est à partir de là que ses accès de colère se sont réduits.

Pratique du coach

Dans les groupes de partage d'expérience en intelligence émotionnelle, on peut avoir des retours des participants du type : « C'est étonnant, il n'y a pas de tension ou de critique entre nous. » Cette atmosphère de confiance est due au fait du recentrage sur nos émotions plutôt que sur les jugements que nous portons habituellement sur les autres et, sans nous en rendre compte, sur nous-mêmes. Dans les situations ordinaires, nous avons ainsi l'habitude d'étiqueter, de juger, de critiquer voire de condamner les personnes autour de nous. En revanche, lorsque nous nous focalisons sur notre vécu intérieur, sur nos émotions, nous reprenons la responsabilité de ce que nous vivons, que la situation soit agréable ou désagréable.

Claude Steiner, psychologue clinicien et spécialiste en analyse transactionnelle, a développé le concept d'alphabétisation émotionnelle en mesurant le degré de développement de la conscience émotionnelle.

Stades d'alphabétisation émotionnelle*	
1. **Engourdissement**	La personne n'a pas conscience de ses émotions ni de ses sentiments. Elle les exprime parfois sous la pression des événements par des explosions sèches et brèves.
2. **Sensations physiques**	Les sensations sont ressenties mais pas les émotions (somatisation). La personne a conscience que les battements de cœur s'accélèrent, des bouffées de chaleur, des frissons, des nœuds d'estomac, mais n'a pas conscience de sa peur.
3. **Expérience primaire**	La personne exprime ses émotions et donc apprend à les différencier : colère, amour, honte, joie, haine, etc. Le degré d'intensité de l'émotion commence à lui apparaître.

• • •

4. Différenciation	La personne perçoit les sensations et émotions, mais comme des énergies perturbatrices incomprises, indicibles et indifférenciables.
5. Causalité	La personne différencie les sensations et émotions et sait identifier la cause : le stimulus extérieur et la croyance d'origine.
6. L'empathie	Elle commence à ressentir les émotions des autres. Elle implique ses propres émotions pour comprendre ce que ressent l'autre. Elle valide son empathie en demandant des feed-back de l'autre.
7. L'interactivité émotionnelle	C'est la conscience de ce que la personne ressent, de ce que l'autre ressent et celle d'anticiper sur l'interaction des émotions entre les personnes.

* Ce tableau est adapté de l'échelle de conscience émotionnelle.
Cf. STEINER Claude, *L'ABC des émotions*, InterÉditions, 1998.

■ DU SENS, DE SOI À L'ENTREPRISE

Créer du sens dans notre vie est primordial, d'autant plus que notre motivation en dépend. Curieusement, peu de personnes prennent le temps nécessaire pour construire leur vision d'une vie idéale pour eux-mêmes, pour leur équipe ou pour leur entreprise. La pression du temps est une explication externe, au même titre que la confusion entre responsabilité et culpabilité est une explication intrapersonnelle. Pour prendre la responsabilité de notre vie, nous devons choisir ce que nous voulons et ce que nous ne voulons pas. Pour le faire, nous devons penser régulièrement à ce que nous voulons, comme faire un footing ou aller au cinéma...

■ VISUALISER NOTRE VIE

Nous remarquons qu'il y a un lien entre notre capacité à visualiser ce que nous désirons et ce que nous réalisons effectivement. C'est pourquoi les plus grands projets ont réussi à force de visualisations régulières et de plus en plus précises.

Après ce temps de visualisation, quand nous savons ce que nous voulons vraiment, il faut commencer à en parler autour de soi, d'abord aux personnes de confiance, puis à celles qui sont plus éloignées, de manière à faire vivre et à vérifier nos sentiments, nos émotions et notre véritable motivation vis-à-vis de nos projets. De manière générale, il nous faut la communiquer, la partager, la préciser, par exemple dans notre journal intime... Enfin, arrive le temps de mettre en œuvre, d'agir ou de faire agir les acteurs concernés. Comme dans l'étape précédente, il faut noter les adaptations successives en retour de notre communication et de nos actions et trouver des solutions aux différents « problèmes » rencontrés ou expériences vécues. Cela jusqu'à la réalisation de notre vision, en utilisant toute notre intelligence, toute notre motivation et toute notre expérience.

Enfin, nous devons prendre en compte la dimension temporelle et visualiser le long terme, le moyen terme et le court terme.

Ces trois dimensions temporelles peuvent interagir de différentes manières : nous pouvons visualiser à partir de notre expérience quotidienne des actions sur le moyen et le long terme ou l'inverse, visualiser le long terme et construire les niveaux du moyen et du court terme en fonction du long terme. Pour prendre conscience du sens que nous voulons donner à notre vie à partir de nos actions quotidiennes, nous devons nous appuyer sur notre conscience émotionnelle et l'approfondir, l'enrichir pour en être pleinement satisfait. Plus nous vivons consciemment nos expériences, plus il nous sera facile d'extrapoler notre quotidien en projet de vie.

Pratique du coach

Le développement ne peut se passer de l'expérience. Or la peur de mal faire peut empêcher de vivre un grand nombre d'expériences et de nous développer en tant que personne, groupe, entreprise ou société. Nous vivons dans une culture de réussite à court terme et de résultats immédiats, et nous avons tendance à confondre la fin et les moyens. Ce qu'il est urgent de voir, c'est qu'en focalisant notre attention exclusivement sur le résultat immédiat, nous rétroagissons sur le moyen terme, sur les résultats du moyen terme. Nous développer, c'est accepter de faire le deuil du « tout, tout de suite », de l'exigence, de la certitude. C'est prendre en compte le court terme, le moyen terme et le long terme, accepter nos erreurs plutôt que de les condamner, tirer les fruits de nos expériences plutôt que presser le citron de l'expérience. Nous parlons de plus en plus de développement durable car certaines grandes organisations prennent conscience des enjeux vitaux de l'intégration du long terme dans nos réflexions, nos échanges et nos actions. Chacun de nous est invité à faire du développement durable, en tant que coach, en tant que professionnel et en tant que citoyen. Comment ? Par l'éducation des enfants, des jeunes, des adultes dans le sens de l'autonomie, du partage, de l'intégration des paradoxes, de l'intelligence individuelle, relationnelle et sociale. Relier intelligence économique et intelligence humaine pour intégrer la complexité.

CRÉER DU SENS POUR SOI-MÊME

Au niveau personnel, cela signifie prendre le temps de clarifier qui nous voulons être, ce que nous voulons faire et posséder dans notre vie. Cette recherche sera d'autant plus riche que nous aurons appris à observer profondément les choses, notre manière de penser, de communiquer, d'agir et de réagir. Pour stimuler notre créativité, nous pouvons l'aborder à travers les différents secteurs de notre vie, par exemple nos projets familiaux, professionnels, relationnels, de santé et d'activité physique, et de contribution sociale. Et nous devons tenir un tableau de bord personnel.

À partir de cette première vision à long terme, nous devons définir notre stratégie annuelle pour réaliser ces projets et les suivre sur notre tableau de bord. Enfin, il nous reste à définir les actions consécutives chaque mois et à les suivre toutes les semaines. Les pièges à éviter sont les actions inatteignables, trop générales, difficilement mesurables, floues dans le temps et qui ne s'appuient pas sur notre véritable motivation. À partir de notre quotidien, nous allons détecter, grâce à nos habitudes d'observation, des émotions et des motivations, des actions à entreprendre que nous noterons sur notre carnet de bord. Ce carnet électronique ou papier doit impérativement être proche de nous 24 heures sur 24. Jour et nuit ! Ces idées, désirs, intentions ou besoins seront regroupés pour construire nos projets de vie. Ils serviront à formaliser une stratégie annuelle pour éviter le piège de faire mille choses à la fois avec l'écueil du changement. Et de se poser la question : est-ce que ce que je fais me rapproche de ce que je veux être ? Ou encore, est-ce que je mérite cela ? Si nous hésitons, c'est que nous avons besoin de prendre conscience des croyances qui nous parasitent, nous freinent ou nous empêchent de mettre en œuvre la création du sens de notre vie telle que nous la désirons vraiment.

Nous pouvons rencontrer deux types de freins : les freins intérieurs et les freins extérieurs. Les premiers consistent à croire que nous ne pouvons pas obtenir ce que nous voulons, à ne pas arriver à faire des choix ou à en changer trop vite, à vouloir des garanties à l'avance de ce que l'on choisit. Les seconds sont les circonstances et les événements qui rendent difficiles la création de nous-mêmes. Ces deux types de freins sont en fait étroitement liés. Si nous avons pris conscience de nos freins intérieurs, les autres passent de la dénomination de freins à celle d'occasions, de challenges, d'opportunités à devenir qui nous voulons vraiment être. Dans ce contexte, chaque situation douloureuse, chaque « ennemi », chaque moment de peine aussi difficile soit-il devient une opportunité, une occasion, un ami, un moment de réalisation.

Créer du sens pour nous-mêmes revient donc à nous appuyer sur notre capacité à observer qui nous sommes et à choisir qui nous voulons devenir en nous appuyant sur nos émotions, nos sentiments et sur chaque état affectif que nous vivons, qu'il soit agréable ou désagréable.

Pratique du coach

Dans certains séminaires, nous travaillons sur le processus de création et nous le comparons au processus de réaction. Le premier consiste à choisir où le participant veut aller, à identifier sa cible, sa version la plus proche de ses aspirations. Ensuite, nous travaillons sur sa capacité à visualiser émotionnellement sa destination – une manière de l'expérimenter sans les contraintes matérielles, mais qui prépare à la réussite du projet. Le participant considère qu'il vit déjà son objectif et qu'il l'a atteint. Puis, il lui reste à se focaliser sur le plaisir que procure l'atteinte de cet objectif et à accueillir, observer ce qui se passe, sans forcer les choses, mais en étant réceptif, vigilant sur les opportunités qui se présentent à lui. Ce qui nous permet d'écrire l'équation suivante : Processus de création = choisir + savoir + sentir + expérimenter.

En face, nous avons le processus de réaction que nous connaissons bien, mais qui n'apporte pas vraiment de résultats au participant. Il concerne le participant qui n'a pas choisi où il veut aller. Ce processus consiste non plus à choisir, mais à laisser les autres ou la vie choisir pour lui. Ensuite arrive l'étape d'hésitation due au fait de ne pas savoir où aller ou de changer constamment de destination ou encore de subir ses contradictions. Puis, ce participant juge les autres et se protège des jugements des autres car il est plutôt méfiant. Enfin, il expérimente généralement le résultat de ce qu'il a semé. Avec une équation : Processus de réaction = subir + hésiter + juger + expérimenter.

> Processus de création = choisir + savoir + sentir + expérimenter
>
> Processus de réaction = subir + hésiter + juger + expérimenter

CRÉER DU SENS POUR L'ÉQUIPE

Créer du sens pour l'équipe revient à recruter, accompagner et à nous séparer en nous appuyant sur nos ressentis. Dans un premier temps, c'est choisir les personnes en fonction de leurs valeurs et de leurs compétences. Un collaborateur dont les valeurs vont à l'encontre des nôtres ne nous aidera pas à donner du sens à notre équipe. Si nous partageons nos valeurs, il nous reste à identifier les compétences métier et émotionnelles dont nous avons besoin. Le but n'est pas de faire des discriminations, mais de sélectionner les personnes qui pourront s'épanouir le plus dans leur activité professionnelle. Par conséquent, nous pouvons considérer leur rendre service en prenant en compte les critères émotionnels et cognitifs.

Pratique du coach

Lors du recrutement, les managers devraient prendre le temps de donner les raisons de leurs choix à chacune des personnes embauchées pour leur permettre de se questionner sur le sens qu'ils donnent à leur activité. Dans un deuxième temps, il s'agit de les accompagner tout au long de leur activité. Cela revient à créer, développer, entretenir, consolider les différents sens individuels et collectifs de l'équipe. Pour cela, les collaborateurs ont besoin d'intégrer le sens de l'entreprise dans laquelle ils exercent, le sens de l'équipe, construit à partir d'un travail de cohésion qui intègre l'individualité et la richesse de chacun. Un dernier temps – important et souvent difficile à mettre en œuvre – est celui de la rupture entre soi et l'équipe, ou entre un collaborateur et son équipe, ou plus rarement entre l'équipe et l'entreprise. Une rupture ne doit pas se faire contre quelque chose, mais pour autre chose. Si un collaborateur qui décide de quitter son entreprise garde de la rancune contre elle, cela n'ira pas pour plusieurs raisons. Il en gardera des traces qui pourront lui faire revivre cette situation désagréable autant que l'entreprise si celle-ci en a gardé un souvenir pénible. Il en sera de même pour l'équipe. Alors que si, au fond de lui, le collaborateur ne garde aucune rancune contre son employeur, il se détachera de ce schéma et avancera dans le sens de sa vie, de son activité, de ses désirs profonds. Ou bien, ce manager se séparera de son équipe pour construire son chemin et se rapprocher de ce qu'il veut être.

Observer les niveaux de sens dans l'entreprise

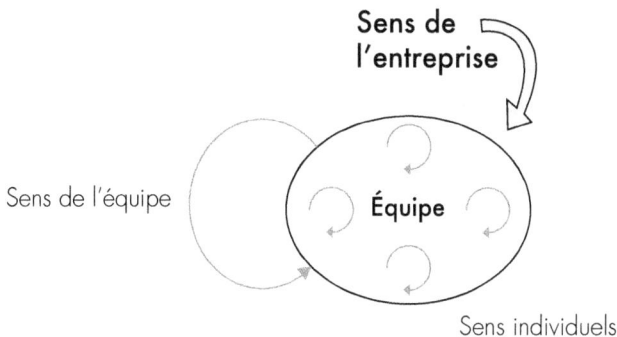

Sens de l'entreprise

Sens de l'équipe

Équipe

Sens individuels

Michel est un dirigeant qui, après avoir fait un coaching, souhaite réaliser une cohésion d'équipe. Pendant ce travail commun, il apparaît clairement qu'un des directeurs n'était pas à sa place compte tenu de ce qui avait été identifié comme culture et valeurs du groupe. Cette personne n'avait pas pris conscience de cette différence de mode de fonctionnement. Le directeur est finalement parti neuf mois après, dans de bonnes conditions. Depuis, il a trouvé un travail qui correspond mieux à ses aspirations.

CRÉER DU SENS POUR L'ENTREPRISE

Cela signifie construire une vision partagée de ce que le comité de direction souhaite pour l'entreprise. Mais aussi, apprendre à relier les événements, les expériences agréables ou désagréables, les réussites ou les échecs au sens que s'est donné l'entreprise. Chacun des deux aspects de la création du sens est essentiel. Sans vision, il est évident que l'entreprise est aveugle, qu'elle marche sans savoir où elle va. Elle subit le marché, l'environnement, la pression extérieure. Sans vision partagée, elle subira les freins internes de l'organisation et de ses acteurs à un degré proportionnel au degré de non-partage et de non-adhésion. Pour réaliser cette tâche essentielle à la vie de l'entreprise, les dirigeants ont besoin d'utiliser leurs aptitudes émotionnelles, leurs compétences émotionnelles comme la confiance, l'écoute, l'authenticité, le leadership, la responsabilité, cette dernière étant une des compétences les moins comprises et les plus difficiles à acquérir. Les trois temps de la création du sens de l'entreprise sont :

- la capacité d'observation des acteurs internes et externes de l'entreprise avec le moins de jugement et d'interprétation ;
- la capacité à visualiser le plus factuellement, au sens des idées, des images et des émotions ;
- et, enfin, sa capacité à accepter l'incertitude, le flou, le questionnement car le sens n'est pas figé dans le temps, mais évolue constamment, s'ajuste et se dépasse.

Pratique du coach

Lors d'un séminaire en intelligence émotionnelle d'un comité de direction, nous avons travaillé sur les interactions entre le sens individuel de chaque membre, puis nous les avons intégrés dans la construction du sens global de l'entreprise. Cela a permis de fermer la boucle des multiples sens entre ceux des participants et celui de l'organisation de manière partagée et donc stimulante pour chacun. Cette action est restée au niveau du comité de direction mais elle peut tout à fait s'étendre à chaque niveau hiérarchique de l'organisation.

Prendre du recul

Art, spiritualité et intelligence émotionnelle

- Le philosophe René Passeron énonce trois grands critères de création qui sont la singularité de l'œuvre, l'œuvre objet-sujet, ainsi que l'engagement de l'artiste pour lequel il utilise le terme de « compromission ».
- La singularité renvoie à l'identité de l'artiste, sa valeur ajoutée propre, sa spécificité. L'œuvre objet-sujet renvoie à l'interaction entre l'œuvre et l'artiste, l'artiste étant créateur, mais l'œuvre étant aussi créatrice de l'artiste.
- La compromission de l'artiste renvoie à l'engagement, l'implication et la responsabilité de l'artiste dans sa création.
- Si nous considérons l'œuvre comme étant « soi-même », nous retrouvons la création du sens. Le critère esthétique souvent associé à l'art peut être rapproché de la beauté intérieure dont nous avons tous entendu parler et qui peut être associée à une forme d'esthétique émotionnelle, de sagesse, de sérénité. La notion d'objet-sujet nous renvoie à la boucle de rétroaction entre soi et l'image de soi, entre soi et les mots qui la décrivent.
- Enfin, l'engagement est nécessaire dans le chemin de la découverte de soi, de la maîtrise de ses émotions, du développement de ses compétences émotionnelles.
- La spiritualité se définit comme un ensemble de croyances et de pratiques sur la nature essentielle de l'être vivant en complément de sa nature matérielle. La religion, en tant que voie organisée de recherche spirituelle, est constituée par une démarche intellectuelle, émotionnelle et mystique. Ce qui rapproche l'intelligence émotionnelle de la spiritualité, c'est l'observation de notre intérieur, la recherche de sérénité ; et ce qui la différencie est principalement la dimension morale et celle de la vérité. Ces deux éléments n'entrent pas directement dans le champ de l'intelligence émotionnelle qui se positionne à l'extérieur de ces questionnements. L'intelligence émotionnelle n'est pas une fin mais un moyen, pas un but mais un chemin.

Synthèse

- Utiliser notre intelligence émotionnelle passe par un entraînement régulier des compétences émotionnelles.
- Apprendre à différencier contrôle (rejeter) et maîtrise (accepter pour dépasser) des émotions.
- Donner du sens commence par construire sa propre vision dans les principaux domaines de sa vie.
- Ces compétences interagissent continuellement dans notre réalité quotidienne.
- Nous ne voyons pas le monde tel qu'il est, mais tel que nous sommes.

Questions/Réponses individuelles

Que signifie accepter une idée ou une personne sans être d'accord avec elle ?

Cela signifie que nous pouvons ne pas être d'accord avec l'avis d'une personne tout en l'acceptant comme elle est, en acceptant qu'il soit possible d'avoir un avis différent du nôtre. C'est une invitation à apprendre à accepter une personne, un groupe, une culture, une religion sans pour autant être d'accord avec lui ou elle.

Pourquoi est-ce important d'être dans le présent ? Est-ce suffisant pour être heureux ?

Savoir être dans le présent permet d'être en contact avec ses intuitions, pensées, émotions et sensations. Si être en contact avec soi et les autres en étant conscient des filtres qui nous empêchent de rester factuels plutôt que dans l'interprétation et le jugement n'est pas suffisant pour être heureux, c'est une des conditions nécessaires.

En quoi un travail par le savoir-être est-il plus durable que par le savoir-faire ?

En travaillant sur la qualité d'être plutôt que sur le savoir-faire, les participants abordent leurs attentes et leurs objectifs par l'expérience, le vécu, les émotions plutôt que par le mental ou le cognitif. Le savoir-faire ne prend pas en compte l'expérience intérieure du participant et plus spécifiquement les différences culturelles et éducatives, les résistances psychologiques, les freins générés par ses expériences passées…

Questions/Réponses entreprises

Quels sont les profils d'entreprise les plus à même de développer l'intelligence émotionnelle ?

Les entreprises qui s'appuient sur leurs capacités relationnelles sont le plus souvent les entreprises de services, de prestations intellectuelles, les micro-entreprises… Dans l'entreprise, ce sont les départements commerciaux et de support tels que le marketing, l'informatique, la qualité…

Peut-on réutiliser les exercices de l'intelligence émotionnelle pendant son activité professionnelle ?

Oui, et c'est même le but de permettre à chacun de s'inspirer des exercices pour les appliquer le plus souvent possible en les intégrant dans ses actes les plus courants au travail.

Les professionnels de l'accompagnement et du changement sont-ils mieux placés pour développer leur intelligence émotionnelle ?

Comme dans tous les métiers, cela dépend de la manière de travailler des professionnels. Si, par exemple, ils s'appuient de préférence sur l'analyse, leurs compétences émotionnelles sont sous-utilisées ; par conséquent, leurs propres compétences émotionnelles sont peu développées.

Questions d'entraînement

S'interroger

Décrivez une situation où vous avez été de bonne humeur
au travail.
Quel impact cela a-t-il eu sur votre performance ? Quel impact
cela a-t-il eu sur les autres au travail ?

....

....

....

....

....

Décrivez-moi une situation où vous aviez raison et le saviez,
mais où les autres (supérieur hiérarchique, client, collègue)
ne vous croyaient pas. Qu'avez-vous fait ?

....

....

....

....

....

Parlez d'une coïncidence lors de votre activité. Comment l'avez-
vous optimisée ?

....

....

....

....

....

Racontez la dernière situation où vous avez été critiquée.
Comment avez-vous fait ?

....

....

....

....

....

Exercice d'illustration

Les appréciations positives

Listez les collaborateurs ou coéquipiers de votre entourage que vous avez envie de stimuler.

Trouvez ce qu'ils ont ou font de positif dans la journée et exprimez-le pendant cette même journée.

Avant de vous coucher, faites-vous trois compliments sincères sur vos qualités physiques, humaines et intellectuelles, pendant 30 jours.

© Groupe Eyrolles

Chapitre 3

La complexité à notre service

(Objectifs)

- Comprendre l'importance des modèles de pensée pour agir avec efficacité.
- Évaluer notre expérience en intégrant notre dimension para-doxale.
- Se distancier des méthodes et des « prêts à penser ».
- Quand l'intégration des intelligences permet une nouvelle posture.

« On mesure l'intelligence d'un individu à la quantité
d'incertitudes qu'il est capable de supporter. »
Emmanuel Kant

▪ COMPLEXITÉ ET INTELLIGENCE ÉMOTIONNELLE

Les recherches liées à la théorie des systèmes qui m'ont été trans-mises par le professeur Bruno Lussato m'ont permis d'aborder l'orga-nisation des entreprises d'une manière transversale, globale et philo-sophique. Elles invitent à regarder les systèmes organisationnels, humains, sociaux et politiques de manière à mettre en exergue un savoir qui n'est pas tronqué par un domaine, mais qui voyage à travers l'ensemble de notre connaissance actuelle. Cette approche a été largement initiée par les travaux de nombreux chercheurs : Jean-Louis Le Moigne, spécialiste français de la systémique et de l'épisté-mologie constructiviste ; Ross Ashby, psychiatre et ingénieur anglais connu pour « la loi de la variété requise », expliquant qu'un système ne peut en contrôler un autre que s'il a une variété supérieure ou égale à celle du système qu'il contrôle ; Joël de Rosnay, futurologue, un des pionniers et pédagogues de la systémique française, auteur d'ouvrages remarquables dont *Le Macroscope* et *L'Homme symbiotique* ; Edgar Morin, philosophe et spécialiste de la complexité, qui présente son travail comme co-constructiviste avec « la collaboration du monde extérieur et de notre esprit pour construire la réalité[1] » ; René Thom, épistémologue français, fondateur de la théorie des catastrophes ; Ilia Prigogine, chimiste belge, fondateur de la structure dissipative, de l'auto-organisation et de l'incertitude ; Henri Atlan, biologiste français, un des pionniers des théories de la complexité et de l'auto-organisation du vivant ; et bien d'autres, tous aussi passionnants que ces piliers de la science des systèmes et de la complexité. Ces auteurs ont permis d'adopter un point de vue éloigné, transversal, global, en passant de la cellule à l'entreprise, de la société à la psychologie, de la science à l'épistémologie, c'est-à-dire à l'étude critique de la science et plus largement à l'étude critique de la connaissance. La seule limite de la systémique est notre créativité, car chaque objet observé, statique ou dynamique, peut faire l'objet d'une compréhension profonde et orientée en fonction du sens que lui donne l'observateur.

METTRE EN PERSPECTIVE NOTRE EXPÉRIENCE

Si l'on applique la systémique au coaching, à la pédagogie et à l'intelligence émotionnelle, cela nous conduit à nous poser la question du sens du coaching, de sa spécificité, de ses succès et en même temps des controverses qui l'entourent. Une des réponses que nous pouvons apporter est le développement de l'intelligence émotionnelle comme principale valeur ajoutée résultante du coaching. L'intelligence émotionnelle renforce la posture des professionnels de la relation humaine et celle de tous ceux dont la relation est importante dans leur métier comme le commercial, le consultant, le formateur, le manager... Nous pouvons poser la question suivante :

1. Entretien avec Edgar MORIN, http://www.nonfiction.fr/article-960-entretien_
avec_edgar_morin__2__science_et_philosophie.htm

est-ce par habitude que nous comparons l'approche cartésienne et l'approche systémique ? La première appréhende les choses, les situations, les événements observés par le prisme d'une relation entre la cause et l'effet. C'est une manière de penser, mais ce n'est pas la seule. Avec la seconde, la systémique, **c'est à partir de la finalité que nous regardons l'objet, l'individu, l'entreprise pour comprendre les événements et les problèmes rencontrés**. Ce qui revient à se demander quel est le sens, la finalité d'un événement, à quoi et en quoi il peut servir. Ainsi, nous ne sommes plus dans la causalité mais dans un regard finaliste posé sur la vie. C'est une forme d'opportunité, d'optimisme et de visibilité pour concevoir dans leur finalité les événements à partir du sens que nous donnons à la vie. Par définition, l'intelligence émotionnelle est finaliste parce que nos émotions sont intelligentes. **Une émotion est une question que notre corps nous pose en tant qu'intelligence intérieure**. La finalité de notre prise de conscience des émotions est de réaliser notre potentiel personnel ou professionnel. Comment vais-je me développer ? Comment vais-je accroître mon potentiel ? Avec ce type de question, nous sommes très proches de ce regard finaliste.

Quand nous regardons une situation dans l'entreprise, nous voyons les acteurs de la situation mais pas les interactions entre ces derniers. En raison de convictions tellement ancrées, nous avons du mal à sortir de nos anciennes croyances pour les observer. Nous avons tendance à regarder les personnes dans un groupe d'individus, à regarder les croyances dans la logique de l'individu, mais pas à regarder les relations qui existent à travers ses objets, une personne, une entreprise....

UTILISER LA RÉTROACTION FACE AUX PROBLÈMES HUMAINS

Voir ces interactions n'est pas spontané, mais avec la pensée systémique de la complexité, on fait attention aux interactions entre les personnes et plus généralement entre les objets. L'interaction a son importance si on veut résoudre les questions et les problèmes humains. Dans le domaine du coaching, le système peut être un manager, une équipe, une entreprise. Le coach va, dès le départ, inviter le manager à définir une cible, un but à atteindre, tout comme le leader avec son équipe dont l'objectif est, là aussi, essentiel. Ensuite, le coach va étudier avec le manager les rétroactions et récursivités (rétroactions génératrices) entre lui et son environnement, mais aussi entre ses propres « modèles de la réalité ». Ces deux dimensions forment ce que l'on appelle un « isomorphisme », c'est-à-dire des parallèles entre le modèle interne et l'environnement.

GARDER LE RECUL NÉCESSAIRE DANS L'ACCOMPAGNEMENT

Pour le troisième paramètre, la globalité, le coach averti va être attentif à l'influence de son propre cadre de référence sur celui du manager pour réduire ce qu'on appelle les projections et transferts. Cela est possible seulement si le coach a fait un travail thérapeutique ou a suffisamment développé son intelligence émotionnelle. Enfin, un coach averti sait que le manager est au moins dialogique, c'est-à-dire qu'il n'est pas tout blanc ou tout noir, gentil ou méchant, complémentaire ou antagoniste, mais les deux à la fois. Il est trop complexe pour entrer dans un modèle bipolaire. C'est la faiblesse du jugement que l'on porte sur une personne au lieu de la comprendre dans toute sa complexité.

Jean-Jacques avait été reçu par un directeur qui avait reporté le rendez-vous une première fois et l'avait fait attendre un bon moment au suivant. Au cours de son entretien, Jean-Jacques évoqua son sentiment de rejet, vécu comme un manque de considération. Au cours de l'entretien, ce directeur expliqua en quoi son directeur général partageait aussi ce ressenti et le vivait régulièrement au sein de l'organisation. Nous étions dans le cas de toute une hiérarchie qui souffrait du même sentiment. Une fois de plus, cet exemple montre que tout est non seulement en interaction, mais aussi en rétroaction. Intégrer cette approche permet souvent de poser des diagnostics qui dénouent des situations incompréhensibles par une vision exclusivement cartésienne.

Pour aller plus loin, il est intéressant de prendre du recul, de se questionner sur le sens de nos actes et de s'interroger sur la progression même de ce sens.

C'est prendre une autre posture. Il y a deux façons de progresser : en améliorant ce que nous savons faire – progresser – ou en changeant la structure de notre manière de faire – évoluer. **Dans ce dernier cas, nous aurons un changement profond et nous appréhenderons les situations autrement, avec une prise de recul, de manière globale.** Peut-on « progresser » et « évoluer » de la même façon ? Dans le paradigme cartésien occidental, nous avons un modèle de causalité qui nous permet de comprendre notre expérience à partir de l'identification des causes. En somme, en se disant pourquoi il y a eu ces choses-là. Nous croyons généralement que nous pouvons faire progresser notre intelligence cognitive en faisant des choses plus pointues. Alors que, en systémique, il est question d'élargir notre intelligence en exploitant d'autres formes d'intelligence et en les intégrant pour les mettre au service d'un projet, et non pour les segmenter par des murs qui séparent les expériences et ou les connaissances.

La question n'est plus seulement de développer notre intelligence cognitive, mais d'apprendre encore plus, de voir notre progression à travers l'intelligence cognitive et l'intelligence émotionnelle, deux formes d'intelligence – essentielles pour faire évoluer l'entreprise.

La complexité est une façon de ne pas regarder les choses d'une manière unique, mais au contraire globalement avec des points de vue multiples.

ACCEPTER L'INCERTITUDE DANS L'ACCOMPAGEMENT

La complexité se mesure au nombre de variables de la situation observée, au nombre d'interactions entre ces variables et, enfin, en fonction du degré de l'imprévisibilité de la situation en faisant la distinction entre celles qui sont maîtrisables et celles qui ne le sont pas. On le voit bien en théorie quantique, les choses émergent, mais on ne le comprend pas, tellement il y a de variables en jeu.

À l'évidence, une prise de conscience de l'importance de notre intelligence émotionnelle a permis de dévoiler la véritable « complexité » des situations professionnelles. De même, la remise en question de notre manière de voir les choses et de se représenter le monde, nos paradigmes hérités de la logique cartésienne, est devenue nécessaire pour appréhender, solliciter et utiliser notre logique émotionnelle, créative et intuitive. Et de nous poser les questions suivantes : y a-t-il une autre logique ? Si oui, quelle est-elle ? Alors, comment l'appréhender et l'identifier ?

Approches complémentaires et antagonistes

Cartésien	*Systémique*
Causalité	Finalité
Éléments	Interaction
Détail	Globalité
Réduction	Complexité

Représentation symbolique des méta-modèles systémiques

      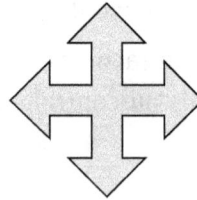   

Finalité   Rétroaction   Globalité   Complexité

Rappelons le titre de l'ouvrage célèbre d'Alfred Korzybski : *Une carte n'est pas le territoire*[1]. De la même manière, sur « notre carte mentale », notre représentation d'un phénomène n'est pas la réalité, mais notre interprétation de ce phénomène. Plus le modèle a un degré élevé de complexité, plus il prend en compte les granularités les plus fines et aura des chances de répondre au besoin exprimé. Nous avons deux types de modèles. Les modèles de premier niveau

---

1. *Op. cit.*

qui s'appliquent directement sur la réalité observée, et les modèles de modèles que l'on appelle les « méta-modèles ». Pour ces derniers, et parmi quelques exemples largement utilisés, nous pouvons citer Sénèque : « Il n'y a pas de vents favorables pour ceux qui ne savent pas où aller[1]. »

Au niveau des émotions, si nous comprenons qu'elles ont un sens, une fonction, il devient clair qu'il est inutile de les refouler, de les cacher, car elles réapparaîtront sous une autre forme, parfois plus dangereuse. Les psychothérapeutes savent bien comment un deuil non consommé, qui n'a pas été verbalisé, exprimé, senti, ressort un jour ou l'autre sous forme de dépression. Au niveau du coaching, c'est la définition de l'objectif à atteindre dans toute sa complexité qui est importante, en prenant en compte les paradoxes du manager, c'est-à-dire son homéostasie ou sa force d'inertie qui l'attire vers un état inchangé.

Pour effleurer le concept de téléologie, doctrine selon laquelle toute forme ou toute chose a une finalité, le coach en intelligence émotionnelle est invité à développer des processus de finalisation individuelle par lesquels le manager réélabore sans cesse les fins qui rendent intelligibles son comportement cible. Il pourra se réapproprier « l'interaction fins-moyens en action » sans la réduire à la « propagation causes-effets ».

Au lieu de mettre l'accent sur les personnes, il est donc plus adapté de s'intéresser aux interactions. De même, il est indiqué de prendre en compte les interactions entre les sous-personnalités d'un manager (les différents points de vue s'exprimant dans son dialogue intérieur) plutôt que de considérer uniquement ses différents rôles possibles en jeu dans la relation (responsable, ami, coach, coordinateur...). En coaching, si nous ne prenons pas en compte la dimension paradoxale du manager, nous risquons de passer à côté de ses contradictions, sur lesquelles nous ne pouvons faire l'impasse si nous voulons répondre à son besoin. Et, bien sûr, il en sera ainsi selon l'organisation qui sera mise en place dans l'entreprise et selon

---

1. *Op. cit.*

l'optimisation des compétences respectives de chacun, indépendamment des qualités intrinsèques de ses membres. Cela revient à appréhender une personne en considérant le contexte dans lequel elle interagit. Ainsi, pour comprendre un système complexe, il faut commencer par une vue générale avant de regarder les détails. Et recommencer de manière circulaire...

Pratique du coach

Une équipe de « stars » individualistes ne gagne pas face à une bonne équipe solidaire, soudée et qui se connaît bien. La qualité des membres ne fait pas la qualité de l'équipe. Il peut y avoir des émergences positives comme des émergences négatives.

▨ DE LA CONNAISSANCE À UNE PRATIQUE DE LA COMPLEXITÉ

« Aucune culture ne survit si elle devient exclusive. »
Mahatma Gandhi

Comment utiliser la complexité dans notre expérience professionnelle ? Est-ce en faisant valoir le paradoxal pour nous libérer des contraintes ?

En intégrant le paradigme cartésien sans en avoir conscience, nous avons exclu le paradoxal comme étant possible et acceptable. Par exemple, une personne ne peut pas être gentille et méchante, avoir raison et tort, être belle et laide, intelligente et bête, riche et pauvre... En simplifiant la réalité de cette façon, nous nous interdisons à sortir de cette autoroute de la pensée pour accepter l'idée qu'une personne peut avoir raison et tort à la fois. Car cela dépend d'une finalité ou d'un point de vue. Mais il est possible de sortir aussi du schéma de pensée binaire pour adopter la posture de l'observateur du « gentil et méchant » et se dire que ce n'est là qu'une étiquette de la réalité et non la réalité. Cela signifie que nous pouvons nous libérer du choix unique entre gentil et méchant pour adopter

© Groupe Eyrolles

celui de « jugeant et non-jugeant ». Autrement dit, nous ne sommes pas obligés de juger la personne, nous pouvons simplement observer les faits qui nous ont fait dire « gentil » ou « méchant » et nous extraire du niveau « jugement/non-jugement » pour prendre conscience de ce que nous ressentons et passer au niveau « je ressens/je ne ressens pas ». Acquérir et développer la perception de la complexité signifie prendre l'habitude d'utiliser le paradigme de la complexité pour résoudre les problèmes quotidiens liés aux relations managériales et aux relations humaines au travail. Cela permet d'éviter de passer à côté d'un problème ou d'en ignorer certains vecteurs importants.

Pratique du coach

Un manager disait de son collaborateur : « Jacques est incompétent. » À partir de cet exemple, nous allons envisager plusieurs réactions possibles en posant des questions pertinentes. Jacques est-il vraiment incompétent ? Sur quels faits le manager appuie-t-il son jugement de valeur ? Que ressent-il en disant cela ? Que s'est-il passé entre Jacques et son collègue ? En quoi le manager est-il personnellement concerné par ces paroles ? Cette illustration montre la richesse des variétés de points de vue qui s'appuient sur une pensée complexe. Cela permet de prendre du recul avant de recruter ou d'intégrer un collaborateur.

Pratique du coach

Lorsque deux personnes sont prises dans un conflit, nous évitons de chercher qui a raison ou qui a tort, mais nous nous demandons de quoi elles ont besoin et comment ce conflit peut aboutir à une solution.

Un participant évoquait la situation suivante : il avait été accusé de harcèlement moral vis-à-vis d'un collaborateur, et son entreprise souhaitait résoudre ce problème pour anticiper sur d'autres situations similaires. L'erreur aurait été de rester sur des questions classiques et rechercher le coupable du harcèlement moral, la cause de cette situation, qui est la personne en question ou encore quelle punition adopter. En revanche, l'accompagnement consistait à rendre plus interactive une manière de manager en se rapprochant du collaborateur. Ainsi, en termes de finalité, les questions se posaient ainsi : qui êtes-vous et qui souhaitez-vous devenir comme manager ? Comment avez-vous vécu cette expérience ? Comment auriez-vous souhaité la vivre ?

Au niveau des interactions entre les personnes du système, on pouvait poser les questions suivantes : quelles relations entretenez-vous avec cette personne ? Comment s'est-elle exprimée sur ce harcèlement ? Que s'est-il passé depuis cette expérience ?

Au plan transversal de la situation, les questions étaient : en quoi était-ce un harcèlement ? Quelle est la part de responsabilité de chacun dans l'expérience ? Avez-vous vécu des expériences similaires, vous ou la personne ? Quelle est l'expérience du comité d'éthique en la matière ?

Enfin, pour illustrer les modèles de la complexité, les questions évoquées étaient : quelles sont vos questions, vos incertitudes par rapport à cette expérience ? Quels sont vos doutes, vos peurs par rapport à cette expérience ? Ai-je moi-même été harcelé et en quoi mon regard peut être déformé ? Comment le manager évolue-t-il au niveau cognitif et émotionnel vis-à-vis de la situation ?

OBSERVER ET SE METTRE EN SITUATION

Enrichir son intelligence du paradigme de la complexité commence par une observation factuelle finalisée et continue sur un schéma qui illustre cette réalité finalisée. Modéliser consciemment une situation est une étape qui sera expérimentée et validée par les résultats obtenus. Jusqu'à présent, nous avons cherché à comprendre la situation en fonction des objectifs respectifs des différents acteurs. Il nous reste à expérimenter cette complexité au travers de mises en situation successives pour vérifier que le manager se détache de son expérience, adopte une posture « neutre » pour réduire l'éventualité de la reproduire. Enfin, il nous faut faire en sorte que le regard et les étiquettes portés sur le manager soient désamorcés. Pour cela, il est préférable d'organiser une réunion avec les acteurs concernés.

Pratique du coach

*Nous sommes dans le cas d'une relation intime entre deux personnes, Christian et Sarah, qui se sont connues dans leur entreprise. Au moment où Christian rencontre le coach, il ne supporte plus cette relation intime cachée et menace de se séparer d'elle. De son côté, elle ne peut entretenir une relation officielle par crainte de vivre trop d'intimité. Ici, la **finalité** du coach est de donner les éléments clés qui faciliteront la* *continuité de la relation pour le coaché. Comme nous le voyons dans le schéma ci-dessous, les différents **éléments** du système sont le participant, sa partenaire, le coach, le problème, les émotions, les besoins, les compétences du participant et sa demande.*

*Les **variables** représentent les scénarios possibles à évaluer avec le manager. Les **contraintes** sont ses limites émotionnelles, sa relation, le temps limité pour répondre au besoin de Christian, le degré de confiance entre le coach et Christian, pour ne prendre en compte que les plus importants.*

Nous voyons que la modélisation du problème conditionne la pertinence des scénarios pour transformer le problème en opportunité de croissance. Ensuite, il reste à mettre en place la solution au travers de la validation de sa nouvelle compréhension du problème, de la confirmation que le participant peut émotionnellement mettre en œuvre cette solution et du jeu de rôle permettant de confirmer la réalisabilité de la solution adoptée. Compte tenu de son degré de motivation, il semble bien que le coaché soit dans les meilleures conditions pour réussir sa rencontre. En résumé, la pratique du coach consiste à modéliser une situation pour bien comprendre son utilité avant d'agir et de la considérer comme une étape importante avant une action.

Modéliser la problématique de Christian et Sarah

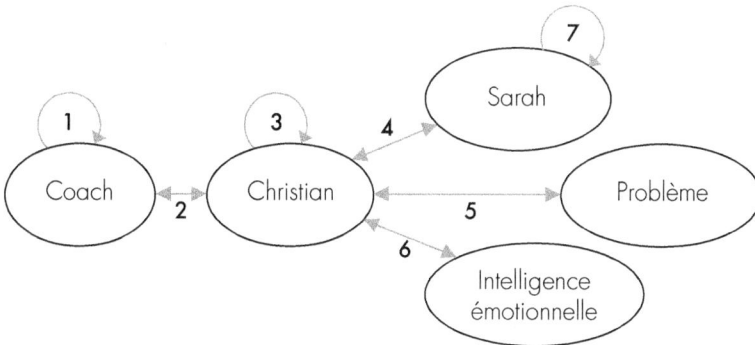

Pour chaque type d'interaction, nous avons pu ainsi définir des questions pertinentes dont le caractère n'est pas exhaustif, mais permet au manager de se positionner en s'appuyant sur un regard systémique.

Relation 1 : suis-je dans ma zone d'ombre (aspect personnellement imperceptible) ? Quels sont les risques de comprendre, de travailler sur le scénario pertinent ? Ai-je des projections sur sa partenaire et ce qu'il décrit comme personnalité ? etc.

Relation 2 : quel est le niveau d'alliance entre le participant et moi ? Que puis-je lui demander, compte tenu de la durée de notre relation ?

Relation 3 : quel est son degré de conscience sur lui-même, ses limites, son intelligence, sa sensibilité, sa culture, son travail thérapeutique ?

Relation 4 : jusqu'où est-il prêt à aller pour maintenir cette relation ? Sa partenaire montre-t-elle des signes d'attachement suffisants ? etc.

Relation 5 : comment pose-t-il le problème ? En quoi contribue-t-il à entretenir le problème actuel ? De quoi doit-il prendre conscience pour arrêter de l'entretenir ? Comment recadrer la définition du problème pour sortir de la rétroaction qui maintient celui-ci ?

Relation 6 : à quel degré arrive-t-il à maîtriser ses émotions ? De quelle compétence émotionnelle a-t-il besoin pour sortir de sa zone d'ombre ? Comment créer suffisamment de sens pour motiver mon client malgré la difficulté et les enjeux à court terme de la relation ?

PRATIQUER L'AUTONOMIE

Si nous questionnons différemment le concept d'autonomie, ses quatre dimensions peuvent être explicitées ainsi que leurs interactions.

La première, l'autonomie existentielle, est notre capacité à donner un sens à notre vie, un sens vis-à-vis de nous-mêmes, des autres et de la vie. Elle est aussi notre aptitude à mettre en perspective les situations que nous rencontrons dans la vie pour les harmoniser avec notre raison d'être.

La deuxième, l'autonomie intellectuelle, est notre capacité à penser par nous-mêmes et à prendre conscience de notre façon de penser tout en augmentant notre capacité d'évolution dans le temps.

La troisième, notre autonomie affective, est notre aptitude à prendre la responsabilité de nos émotions et sentiments. Grâce à l'entraînement, nous pouvons être conscients de nos états affectifs afin de remonter à nos pensées originelles pour arriver à choisir nos émotions.

Enfin, la quatrième, notre autonomie physique, est notre capacité à conserver et à développer toutes nos aptitudes physiques par

différents facteurs dont la conscience de notre corps et l'entraînement physique tout au long de notre vie.

Nous pouvons dire que l'autonomie est le développement équilibré
de ces quatre formes d'autonomie. Si nous observons les interactions de l'autonomie existentielle avec les autres, nous voyons que
donner du sens à sa vie est un moteur extraordinaire pour développer les autres formes d'autonomie. Connaître sa raison d'être
conforte les efforts nécessaires pour prendre conscience de ses
pensées et de ses processus de pensée. Elles sont au service de sa
raison d'être et plus elles correspondent à la réalité de la personne
plus la motivation est forte : cela revient à mettre ses pensées au
service d'une finalité.

Dans son ouvrage *La Méthode*[1], Edgar Morin encourage à penser nos
pensées de façon à identifier les processus répétitifs qui s'intègrent
dans des croyances plus ou moins partagées dans l'organisation.
Mais la voie la plus rapide est de prendre conscience de ses pensées
et de ses croyances par l'observation de ses émotions, de ses sentiments et de ses états affectifs en général. Et de nous souvenir que le
corps ne ment jamais ! Le désir et la motivation sont essentiels pour
la santé physique, son entretien et son développement.

Apprendre à maîtriser ses pensées – un héritage fondamental du
philosophe indien Krishnamurti – renforce à son tour la construction
du sens et donc du niveau de motivation de l'entreprise. Cela permet
aussi de mieux maîtriser ses émotions, comme le fait l'acteur de
théâtre ou de cinéma, en décidant de déclencher des séquences
d'images et de pensées pour générer des émotions. Cela signifie
mettre nos pensées au service d'une volonté consciente plutôt que
l'inverse, mais aussi au service de notre vie affective, de notre développement et de notre santé physique.

---
1. *Op. cit.*

Les quatre facettes de l'autonomie

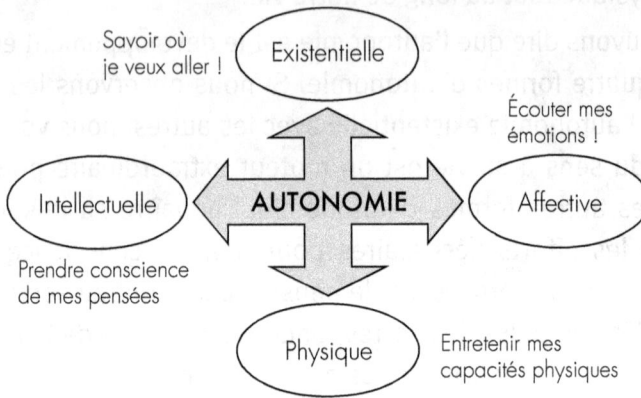

Typologie des systèmes mettant en valeur
l'échelle des degrés d'autonomie*

Niveau « Machine »

1. Objet passif

Cet objet semble ne pas être actionné. C'est le cas de la pierre, par exemple. Mais en fait, lui aussi interagit avec son environnement et participe à la vie.

2. Objet actif

Il agit et on le connaît par son activité. Ainsi, la Terre fournit une force de gravitation et son rayonnement réchauffe la planète.

3. Objet régulé

Il a un comportement identique dans le temps car il s'autorégule. Le thermostat est un exemple de système à rétroaction qui régule son propre fonctionnement.

4. Objet informé

L'automate industriel est un exemple de système qui utilise l'information, en tant qu'hypothèse artificielle, mais d'une grande richesse explicative.

Niveau « Vie »

5. Système décideur

Il faut différencier ici l'information représentation et l'information décision. Cet objet a des projets et une capacité de décision autonome. Nous sommes dans le vivant et le biologique.

• • •

6. Système avec mémoire

Avec la mémoire, nous entrons dans le domaine de la communication, qui est un prolongement de l'information. Ses projets sont liés à l'histoire. Il transfère les informations dans le temps, les duplique et les restitue. Ce système va de la cellule jusqu'au mammifère supérieur. Il s'agit aussi du pilotage automatique.

7. Système avec coordination (pilotage)

Un système exclusivement hiérarchisé n'a pas besoin de coordination, mais la réalité n'est pas aussi simple. Cette coordination implique une capacité relationnelle et cognitive, et la prise en compte de la variété du système.

Niveau « Humain »

8. Système qui imagine (intelligent)

Il a une capacité à gérer une information « symbolique ». Il peut donc s'organiser, se complexifier par un processus interne (apprentissage et invention). Nous sommes dans l'humain et dans l'organisation sociale.

9. Système autofinalisé

Il fixe ses propres finalités et objectifs. C'est l'émergence de la conscience et de l'intentionnalité. Cela concerne certains hommes et certaines organisations. Une grande partie de l'humanité n'a pas atteint ce niveau soit à cause des contraintes matérielles, soit parce que l'homme n'éprouve pas l'aspiration à organiser lui-même son propre devenir.

* Cette typologie a été réalisée à partir du modèle de Jean-Louis Le Moigne.

Pratique du coach

Lors d'un séminaire, chaque manager avait pris conscience de sa raison d'être. L'enthousiasme avait décuplé pour aborder les autres compétences émotionnelles. Chacun avait pu faire un lien avec la stratégie de l'entreprise et donc augmenté le niveau de cohésion de l'organisation tout entière. Par exemple, un participant avait pris conscience de l'importance de sa créativité et avait proposé à la direction de l'utiliser au service de l'organisation. Ou encore, un autre manager avait mesuré l'importance de son projet professionnel dans une branche spécifique du service informatique. Proposé dans un premier temps à l'entreprise, ce projet fut réalisé au final avec l'appui du comité de direction.

■ RELATIVISER LE MODÈLE OU LA MÉTHODE

Comme nous le savons, les mots sont souvent employés pour exprimer des choses différentes et des mots différents sont utilisés pour dire la même chose. L'interaction entre les termes pour décrire une réalité et cette réalité ne coïncident pas toujours.

De même, les jugements de valeur, étiquettes, images ne correspondent pas à la réalité présente de la personne. Pour les modèles, la situation est similaire, car plus l'objet décrit est complexe moins le modèle est efficace. Il nous faut donc trouver quelque chose qui soit plus ouvert, moins limitant que le modèle. Nous utiliserons le concept de « cadre de références », qui s'adapte mieux au niveau de la complexité de l'humain. De ce fait, nous nous rapprochons progressivement du respect de l'unicité de chaque personne.

ENTRE MODÈLE ET CADRE DE RÉFÉRENCES

L'objectif est ici d'arriver à regarder, observer en intégrant la pluralité, le multiple, pour ne plus tomber dans le piège d'une vérité, d'une solution, d'une idée exclusive. Toute exclusion induit la mort progressive, parfois imperceptible mais certaine d'un système, que ce dernier soit politique, religieux, organisationnel, groupal ou intrapersonnel. Le cadre de références accueille la diversité et stimule l'intelligence, il intègre les interactions et les échanges sur une solution.

Il n'est pas question d'exclure le modèle, mais de le relativiser, de le questionner pour nous ouvrir à un cadre de références multiples.

Pratique du coach

Lors d'une formation, il fut demandé aux participants de se diviser en deux groupes et de décrire une peinture avec respectivement un regard cartésien et un regard systémique. Le premier groupe se limitait à décrire strictement les différents aspects du tableau d'une manière ordonnée et séquentielle en restant dans l'espace/temps sans avoir l'idée d'en sortir. Le deuxième groupe décrivait l'œuvre tout en faisant référence à son histoire, à l'histoire racontée par les différentes parties du tableau, aux interactions entre les couleurs et les formes et entre les différentes perceptions des observateurs. La richesse et l'enthousiasme des participants étaient très différents. Au fur et à mesure de l'entraînement, ces managers se sont sentis plus libres de créer, de développer une vision individuelle et moins exclusive de celle des collègues. Ils sont arrivés à accepter de travailler avec plus d'aisance avec des personnes différentes, ayant des cultures et des points de vue différents. Cette nouvelle attitude induisait la réduction des conflits et du stress, l'accélération des résolutions de problème, le plaisir de s'enrichir grâce à la diversité apportée par les autres. Le groupe apprenait que le mode de pensée est un facteur essentiel à l'ouverture d'esprit, à la créativité, à l'intelligence.

DE LA MÉTHODE AU PROCESSUS DE MODÉLISATION

De même que nous simplifions les objets, les individus et les groupes, nous simplifions aussi les processus par la méthode. La méthode au sens strict est un ensemble d'étapes préétablies, séquentielles, qui fait penser à l'algorithme, tandis que le processus de modélisation est à rapprocher de l'heuristique. Dans la première approche, tout est figé dans le temps et il n'y a pas de place pour la variété, alors que, dans la seconde, le chemin se crée au fur et à mesure de l'avancement et accueille un degré de variété quasi illimité. Cela signifie que le manager ne peut pas appréhender son management, ses relations, ses actions et réactions comme il appréhende la gestion du stock, le calcul de la résistance d'un produit ou le calcul d'une feuille de paie, aussi compliquée soit-elle. Entre la fumée et le cristal, nous devons différencier nos modes d'observation. Dans *La Méthode*, Edgar Morin se sert en fait d'un « cadre de références » plutôt que d'une méthode dans notre sens, pour étudier la nature, la connaissance et les autres thèmes. De même, il nous faudra apprendre à nous servir de nouveaux instruments pour appréhender l'être humain et ses interactions, si l'on veut éviter de passer à côté des solutions qui nous aideront à résoudre les problèmes toujours plus complexes de la société dans laquelle nous vivons. Il nous faudra respecter les rythmes de la nature pour appréhender l'action, l'activité, le fonctionnement et l'évolution.

Pratique du coach

En coaching, nous ne proposons pas de solution pour éviter le biais qui risque de mettre notre client dans une situation encore plus grave en ayant une méthode qu'il ne peut s'approprier. Un excellent commercial ne peut pas transférer sa méthode à des coachs qui veulent apprendre à vendre leurs services. Un excellent commercial ne fera pas forcément un excellent manager d'une équipe commerciale…

INTÉGRER L'INCERTITUDE DANS LA RECHERCHE DE SOLUTIONS

Il nous faut maintenant accepter l'incertitude comme étant une garantie de la pertinence et de l'efficacité, comme l'ont fait les scientifiques en accomplissant le deuil de l'universalisme. Ils ont entamé cette avancée en confirmant que la science est nécessairement ce qui accueille l'incertitude puisqu'un théorème ne peut ni prouver un théorème ni s'autojustifier, comme le remarquait le mathématicien Kurt Gödel. Pour reprendre les aspects qui constituent la complexité d'un système, nous avons le nombre d'interactions entre les éléments du système, les boucles successives de rétroactions dans le temps et l'imprévisibilité du système à cause de ce qu'on appelle l'« effet papillon » : une modification infime des conditions initiales peut entraîner des résultats imprédictibles et démesurés. Si nous revenons au manager, il vit au cœur d'un environnement complexe : le nombre d'interactions entre les membres de son équipe sont multiples, les boucles de rétroaction relationnelle sont quasiment infinies et l'imprévisibilité est toujours confirmée par l'effet papillon et le phénomène de l'observateur influençant les autres par son regard. Dans ce sens, en tant que manager, si vous affirmez une idée sans prendre en compte son incertitude, vous avez de grandes chances de vous tromper.

Pratique du coach

Un participant disait que, lorsqu'il jouait au volley étant enfant, durant les matchs, le fait que son père l'observe changeait son comportement. Il se mettait alors à faire des erreurs. Dans un contexte professionnel, il y a un parallèle à faire entre le fils qu'il était avec son père et sa posture vis-à-vis de son responsable. Comme son père venait voir son fils, le manager vient voir son collaborateur : il l'observe en réunion et établit un diagnostic sur ses qualités et ses compétences sans se prendre en compte lui-même.

▨ EXPLORER LES NIVEAUX DE COMPLEXITÉ

Il est nécessaire d'aborder l'humain dans le sens d'un questionnement sur ses modes de pensée, ses modes d'expression et ses manières d'agir, pour arriver à une véritable ouverture, car, sans elle, il n'y a plus de créativité, plus de liberté, plus d'intelligence, plus de sagesse. Il nous faut commencer à comprendre que notre passé nous sert à évoluer plutôt que de nous y enfermer ; qu'il nous sert de tremplin pour aller plus loin, nous dépasser. Il nous faut accepter ce que nous ne savions pas accepter par ignorance et assumer notre responsabilité d'avancer.

ABORDER LE CONTENU ET LE MÉTA-CONTENU

Nous pouvons **aborder notre connaissance et notre méta-connaissance en même temps,** pour ne pas nous laisser piéger par l'ignorance cachée derrière nos connaissances et anticiper sur les problèmes futurs avant ou pendant leur apparition.

Cela implique pour le manager de pouvoir penser à son quotidien et à ses pensées, à ses modes de pensée et à ses processus de pensée pour s'en libérer si nécessaire, pour être présent à son environnement, à ses collaborateurs et non à l'image qu'il s'en fait.

Nous pouvons aussi **aborder notre communication et notre méta-communication en même temps,** pour nous permettre de sortir plus vite de nos problèmes de communication.

Quand David, un participant, parle du contenu d'un problème relationnel alors que Sonia parle des réactions au problème, ces personnes ne se rencontrent pas si elles ne croisent pas leurs niveaux de communication.

Quand Yves parle de son problème et n'entend pas celui de Valérie, nous voyons bien que nous avons un discours auquel vient s'ajouter un autre discours, qu'ils ne croisent pas leurs communications. Le rôle du manager sera de développer sa flexibilité pour déplacer son point de vue rapidement face à l'incompréhension, la gêne, le conflit ou le jeu de pouvoir.

Enfin, nous pouvons **aborder notre expérience et notre méta-expérience en même temps** en associant les expériences physiques, affectives et intellectuelles. Nous percevons l'expérience physique de l'extérieur, éprouvons l'expérience affective et prenons conscience de l'expérience de la pensée. Chacune d'elles est aussi importante que les autres. Un manager qui développe sa capacité à visualiser son projet réduira fortement les erreurs, les temps et les coûts inhérents aux essais matériels. C'est le cas, par exemple, d'une personne capable d'imaginer le fonctionnement d'une machine dans sa tête pour supprimer les erreurs avant même sa première fabrication ou d'un champion sportif qui expérimente intérieurement de multiples fois son parcours jusqu'à le maîtriser avant même le début de la compétition ou, enfin, d'un acteur de théâtre qui vit son expérience intérieure avant ses représentations publiques. Ce n'est qu'en percevant l'importance de notre expérience que nous pourrons la faire évoluer par l'entraînement avant même l'expérience physique.

Pratique du coach

Lors des entraînements en groupe, pour renforcer notre aptitude à changer de posture, à renforcer notre « élasticité ontologique » – passer plus facilement d'un état affectif à un autre –, à adapter notre qualité d'être, nous considérons que tous les actes, incidents, situations, expériences, émotions, surprises ont un sens qu'il nous faut le découvrir. Nous passons ainsi du jugement à l'exploration, du préjugé à la prise de conscience.

NAVIGUER ENTRE NOS DIMENSIONS INTRAPERSONNELLES

C'est apprendre à étendre notre posture épistémologique dans tous les champs de notre vie. C'est connaître notre communication et notre expérience. Cela signifie appréhender intellectuellement notre

Les trois méta-postures et leurs interactions mutuelles

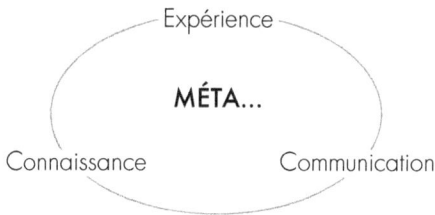

Expérience

MÉTA...

Connaissance   Communication

communication et notre non-communication interpersonnelle, ainsi que notre manière d'être ou de ne pas être dans la vie.

Pratique du coach

Un manager comprend quand il n'y a pas communication et, au lieu de réagir contre l'autre, comprend ce qui se joue dans la relation. Quand il comprend sa colère face à une situation et qu'il comprend sa qualité d'être plutôt que de se le reprocher.

C'est communiquer sur notre connaissance et sur notre expérience. Cela signifie communiquer non seulement notre connaissance et notre méconnaissance, mais aussi sur notre expérience et notre non-expérience.

Pratique du coach

Un manager qui écrit ou parle de sa connaissance sans se l'approprier, de sa méconnaissance sans se la reprocher, de manière détachée et libre. C'est aussi quand il parle librement de ce qu'il éprouve aussi aisément que quand il parle de ses coupures émotionnelles.

C'est expérimenter notre communication et nos connaissances. Cela signifie expérimenter notre communication et notre non-communication, notre connaissance et notre ignorance.

Pratique du coach

Un manager qui vit pleinement ses états affectifs peut remonter dans l'échelle de ses émotions et passer, par exemple, de la rage à la colère ou de la panique à la peur.

Il incarne pleinement ses partages ainsi que son enfermement et accepte autant les uns que l'autre. Il relie ses connaissances à son vécu en associant le plus souvent possible ses pensées à ses émotions et à ses sensations pour renforcer sa cohérence et accélérer son évolution.

PRENDRE DE LA HAUTEUR ET EXPLORER NOS PROFONDEURS

Cela signifie nous appuyer sur notre intelligence de la complexité autant que sur notre intelligence émotionnelle, passer à une nouvelle étape de notre développement reliant quotidiennement toutes les ressources de notre intelligence, résoudre un problème stratégique de l'entreprise tout en accueillant les émotions de son coéquipier en réunion de travail, discuter sur le choix d'un système d'information en restant en contact avec son intuition, construire une vision d'entreprise en écoutant le point de vue de chaque participant de la réunion.

Pratique du coach

Un manager racontait que, lors d'une réunion de travail, une participante avait eu les larmes aux yeux. Spontanément, le manager avait interrompu son discours pour se centrer sur sa collaboratrice avec beaucoup d'empathie et de considération. Après cette réunion, une complicité et une confiance interpersonnelle hors du commun s'étaient installées entre eux. Cette illustration montre comment on peut prendre de la hauteur pour s'arrêter et explorer les émotions, et revenir au niveau opérationnel avec plus d'efficacité.

Prendre du recul

Science, technologie et intelligence émotionnelle

Depuis quelques décennies, le champ des sciences s'élargit et s'autonomise. Il passe du simple « comment » (comment fonctionne la nature) à partir d'une intelligence cognitive toujours plus développée, au « pourquoi », qui nous incite à intégrer les nouvelles sciences de la complexité.

La science par l'observation s'enrichit donc d'une science de la conception. La science fondamentale tend à interagir davantage avec la science appliquée. De même, la science qui observe la nature se rapproche de la science qui crée à partir de cette nature.

• • •

• • •

C'est le propre de la technologie qui, grâce à ses instruments, a pour fonction de nous libérer des contraintes de la nature. Même si, par ailleurs, elle est incapable d'anticiper sur les effets de sa création dans la société de demain.

L'idée est l'équilibre progressif entre une science fondamentale – comment fonctionne la nature ? – et une science de la complexité – comment créer à partir de la nature, de l'humain et du social ?

Les critères des sciences :
- sciences classiques :
  - observation (objective, précise),
  - expérimentation,
  - réfutabilité (possible d'imaginer un contre-exemple) ;
- nouvelles sciences :
  - objectivité faible (récursivité entre observateur/observé),
  - falsifiabilité,
  - épistémologie de la complexité – unité de la science – la science doit se connaître elle-même.

Pour rapprocher intelligence artificielle et conscience, nous voyons qu'il est aujourd'hui impossible à la machine, quelle que soit sa complexité, de s'auto-organiser comme le fait le cerveau, de tenir compte de la mise en œuvre de ses décisions, des risques pour les générations futures du remplacement progressif mais inéluctable des centres de décisions humaines par des centres de décision de la machine. Et ce sans ignorer l'influence de la machine sur la pensée, qui reste souvent binaire. La conscience doit continuer d'évaluer la relation entre la pensée mécanique et la machine intelligente, et l'équilibre entre l'insouciance et l'inquiétude vis-à-vis des nouvelles technologies.

La science de la complexité pourrait-elle, en favorisant le développement de notre intelligence émotionnelle, remplir ce vide entre la science et la conscience ?

Synthèse

- Notre culture induit une manière de penser qui induit à son tour une manière de croire.
- De l'élasticité de nos croyances dépendent notre aptitude à évoluer et la direction de notre évolution.
- La systémique, puis la complexité explorent de mieux en mieux nos modes de pensée, de communication et de fonctionnement.
- Dépasser la méthode et le modèle signifie les adapter, les élargir, les enrichir, les complexifier et, finalement, s'en détacher.
- Chaque manager est invité à questionner, assouplir, « élastifier » ses points de vue pour se dépasser et faire évoluer son management.
- Être autonome, ce n'est pas agir par soi-même, mais harmoniser ses dimensions cognitives, affectives et intuitives.

Questions/Réponses individuelles

En quoi l'intelligence émotionnelle aide-t-elle à être autonome ?

Développer notre intelligence émotionnelle signifie observer nos émotions et nos motivations. C'est développer notre capacité à choisir ce que nous voulons, savoir ce que nous pouvons atteindre, être sensible à nos indicateurs émotionnels et expérimenter cette nouvelle réalité. C'est donc une manière efficace de prendre conscience, d'entraîner et de développer notre autonomie aux niveaux physique, intellectuel, affectif et existentiel.

Comment peut-on décrire la systémique en quelques mots ?

La systémique a été créée par des chercheurs qui ont compris que le monde peut être mieux appréhendé avec des instruments cognitifs plus complexes que la pensée cartésienne. Et parmi ces instruments, nous trouvons la finalité et les rétroactions d'un système.

Quels liens peut-on faire entre systémique, complexité et intelligence émotionnelle ?

La systémique reconnaît la finalité et les interactions d'un objet, la complexité met l'accent sur l'objet à variété et variabilité élevées, l'intelligence émotionnelle reconnaît l'étendue de notre intelligence, sa finalité et sa complexité.

Comment mieux percevoir la complexité au travail ?

La perception de la complexité au travail passe par la perception des dimensions cognitive et émotionnelle, et par l'utilisation des cadres de références systémiques tels que la rétroaction (observateur/observé), la finalité (intention de l'action), la complexité (accepter l'incertitude et le questionnement...).

Quelle différence entre comprendre et vivre l'intelligence émotionnelle ?

Une personne ayant fait une formation en coaching nous montre un jour des supports de cours sur l'intelligence émotionnelle. Nous les trouvons effectivement intéressants et nous lui demandons comment elle a entraîné son intelligence émotionnelle. Elle est surprise et répond qu'elle n'a pas fait d'exercice dans ce sens. D'une part, il y a l'expérience émotionnelle et, d'autre part, la connaissance sur son intelligence émotionnelle. La première est un vécu conscient et un entraînement pratique effectué lors de mise en situation et de partage. La seconde est une acquisition cognitive, une compréhension de notre intelligence émotionnelle.

En quoi est-ce important de différencier notre connaissance de notre réalité ?

La connaissance de notre réalité quotidienne est une représentation de cette réalité. Cette représentation correspond plus ou moins bien à cette réalité compte tenu de la finalité de nos buts. La réalité est ce qui est inatteignable par notre seule connaissance, sinon par une représentation. Nous avons besoin d'autres instruments pour appréhender plus profondément la réalité, comme notre intelligence émotionnelle.

En quoi la perception de la complexité est-elle liée à notre intelligence émotionnelle ?

Cette perception nous amène, par exemple, à accepter l'incertitude, l'ignorance, le questionnement comme étant aussi importants que nos certitudes, nos connaissances et nos convictions. Notre intelligence émotionnelle est aujourd'hui un véritable défi car elle nous oblige à accepter l'incertitude, la nouveauté, le risque puisque le contrôle émotionnel n'existe pas par définition. C'est grâce à nos émotions que nous percevons si nous sommes en accord avec nous-mêmes.

Questions/Réponses entreprises

En quoi la complexité peut-elle aider l'entreprise à être plus performante ?

Elle peut aider à faire la différence entre une vision subie, déformée et conditionnée par son histoire, et une vision choisie, multiple, flexible.

Un responsable qui est en réaction à des propositions créatives de collaborateurs n'aura pas la même efficacité qu'un homologue qui fait des choix conscients, autonomes et qui accepte le questionnement.

Un salarié qui travaille dans une entreprise qui prend en compte ses aspirations personnelles et professionnelles s'investira dans son activité, apportera une plus grande valeur ajoutée.

Pourquoi la joie est-elle souvent exclue de la performance en entreprise ?

La raison est tout d'abord culturelle. En latin, le mot « travail », *tripadium,* est un instrument de torture. Ainsi, depuis le XIIe siècle, nous sommes conditionnés à travailler dans la souffrance et le tourment… Cela veut dire aussi que l'on ne voit pas la possibilité de travailler dans la joie et que l'on ne s'autorise pas encore à être consciemment dans la joie pour être performant.

Pourquoi parle-t-on de survie d'entreprise plutôt que d'entreprise vivante ?

Une entreprise est un regroupement de personnes qui produisent des services et des biens au service de l'homme. Il est temps d'arrêter de penser que la survie d'une entreprise est sa seule finalité. Le message de l'intelligence émotionnelle est au contraire de voir l'entreprise comme une entité vivante, joyeuse et dynamique qui a un sens financier, social et humain. Une entreprise vivante développe de la reconnaissance envers ses salariés, une capacité d'affirmation de ses propres collaborateurs, une maturité affective qui doit être présente à chaque instant. L'exemple de l'entreprise brésilienne Gemco, complètement innovante, où chacun choisissait son poste et presque son salaire prouve que d'autres schémas fonctionnent dans une entreprise qui n'est pas considérée comme un lieu de pouvoir. À l'évidence, ce sont nos préjugés et nos conditionnements culturels qui nous interdisent d'avoir encore aujourd'hui des entreprises vivantes.

Quelles précautions prendre pour un travail sur le savoir-être en entreprise ?

Vérifier que l'entreprise a compris l'importance de développer la transparence en limitant les manipulations et les jeux de pouvoir. Valider l'idée que la performance n'est stable que si l'investissement se répartit dans le temps. Être convaincu que les outils et méthodes ne suffisent pas pour construire une entreprise vivante. Ensuite, savoir que développer le savoir-être est un investissement qui demande d'étaler les entraînements dans la durée.

Y a-t-il un lien entre employabilité et complexité ?

Ross Ashby a énoncé qu'un système de contrôle ne peut être efficace que s'il est d'un niveau de complexité plus important que celui qu'il contrôle. Plus le manager a des schémas de pensée qui intègrent la complexité, la variété et la variabilité, plus il sera à même de répondre à des problèmes de plus en plus complexes dans l'entreprise. Il sera en outre à même de gérer des équipes pluriculturelles et pluridisciplinaires.

Quelles sont les interactions entre complexité et l'intelligence émotionnelle ?

Comme nous l'avons vu, la complexité permet de développer son intelligence émotionnelle et cette dernière libère un potentiel cognitif non négligeable pour appréhender la complexité du travail, des relations professionnelles et la responsabilité d'équipe.

Un diagnostic en intelligence émotionnelle est-il nécessaire avant de mettre en place des actions de coaching ou de formation ?

Un diagnostic préalable à un entraînement des managers permet un gain de temps important dans la mesure où il cible les compétences émotionnelles prioritaires et facilite la mesure des progrès effectués.

Questions d'entraînement

- *Quand faut-il impérativement s'appuyer sur sa vision systémique ?*

....
....
....
....
....
....
....

- *En quoi la systémique nous aide-t-elle à mieux comprendre nos collaborateurs, nos clients, nos relations, notre entreprise ?*

....
....
....
....
....
....
....

- *En quoi accepter de ne pas tout comprendre peut-il être un atout ?*

....
....
....
....
....
....
....

Exercice d'illustration

Décrivez une situation professionnelle (entretien, réunion, conflit...) en utilisant la modélisation suggérée :

Finalité	Situation, chacun des acteurs...
Rétroaction(s)	Des différentes étapes, chez chacun...
Émergence(s)	Positives (1 + 1 = 3) et négatives (1 + 1 = 1) de la situation...
Globalité	Environnement direct et indirect interagissant...
Complexité	Peurs, incompréhensions, ignorances, zones d'ombre...

Que remarquez-vous ? En quoi cette vision intègre-t-elle mieux la complexité de la situation ?

Sommes-nous plus libres en utilisant les deux modes de pensée, systémique et cartésien ? Expliquez en quoi.

Chapitre 4

Être autonome, comment ?

Objectifs

- Aligner nos pensées, nos émotions et nos actions pour être en accord avec nous-mêmes.
- Nous appuyer sur nos compétences pour renforcer notre autonomie affective.
- Enrichir la création de notre vie en explorant notre environnement.
- Être autonome pour développer toutes les composantes de notre individualité.

« Il ne t'est jamais donné un désir sans le pouvoir de le rendre réalité. »

Richard Bach

■ ACCORDER NOS PENSÉES, NOS ÉMOTIONS ET NOS ACTIONS

La première affirmation que nous concédons depuis bien longtemps est qu'un véritable leader se connaît parfaitement. Il utilise ses forces et ses faiblesses pour grandir, pour atteindre ses objectifs, réaliser ses désirs, répondre à ses besoins. **Il montre un niveau de connaissance personnelle élevé et utilise toutes les expériences pour devenir plus conscient** des enjeux, des risques et des opportunités qui se présentent à lui.

Cette qualité a une dimension statique, se connaître, et dynamique, réapprendre à observer sans porter de jugement, en utilisant, d'une part, ses sens orientés sur l'extérieur pour voir, entendre ce qui se passe autour de lui et d'autre part, ses sens orientés sur l'intérieur pour observer attentivement les images, les dialogues intérieurs, les sensations et émotions qu'il éprouve. Ce leader sait reconnaître ses réussites et celles de ses collaborateurs. Il exprime de la gratitude à ses collaborateurs et à lui-même pour renforcer la motivation et la confiance de chacun. Il ose partager ses points de vue, les valider, les confronter et les mettre à l'épreuve de la critique. Il s'affirme sans écraser. Il montre sa confiance en lui et en son équipe. Étant centré sur lui, il s'exprime par des messages en disant « je » plutôt que « tu », car la véritable affirmation laisse une place aux points de vue différents, permet la confrontation et accueille la différence. C'est à ce prix que l'intelligence collective peut s'exprimer et s'affirmer. Ce véritable leader utilise et exploite les contradictions, les incertitudes pour bâtir ses projets. Erich Fromm, philo-sociologue allemand du siècle dernier, disait magistralement qu'un leader ne s'approprie pas ses idées, mais qu'il les pose et les valide. Centré sur la vision de l'entreprise, il organise tout en fonction de ses buts, de ses valeurs et de ses talents. Il sait à chaque instant où il veut aller, il visualise parfaitement la cible à atteindre et sait paradoxalement ne pas en devenir dépendant.

À l'instar de ce leader, comment nous réapproprier une forme d'intelligence que beaucoup de managers ont laissée de côté, mais qu'il nous faut stimuler, muscler, développer pour pouvoir grandir et être autonomes ? Nos pensées sont les émergences de nos systèmes de croyances, de nos cadres de références, de nos histoires enregistrées. Mais comme nous occultons nos émotions, nous ne pouvons pas évoluer humainement comme nous l'avons fait au niveau technologique, sans doute aussi parce qu'en Occident nous n'avons pas compris la richesse et le sens des émotions. Quand nous avons un projet de vie ou de travail et que ce dernier ne s'attache plus à nos aspirations, il faut trouver la clé à utiliser. C'est le rôle de nos émotions, grâce auxquelles nous rendons cohérentes les croyances élaborées à partir de notre expérience. Nous allons enfin considérer nos émotions comme intelligentes et ayant du sens, comme constituant une intelligence que l'on ne perçoit pas dans nos schémas cartésiens avec notre regard rationnel et exclusif, mais que l'on peut s'approprier avec de la maturité et de la sagesse. Nous pouvons alors reprendre à notre compte les mots d'Albert Einstein : « La pensée rationnelle ne m'a jamais permis de découvrir quoi que ce soit. » Relier l'intelligence à nos émotions, c'est non seulement lancer un défi et reconnaître leur utilité, mais surtout prendre conscience que l'éducation émotionnelle est possible. C'est ouvrir le champ de l'intelligence à notre dimension émotionnelle. Ce concept d'intelligence émotionnelle, introduit par Peter Salovey et John Mayer, permet de structurer nos recherches et nos expérimentations vers une véritable pédagogie de l'autonomie émotionnelle.

Partons de l'hypothèse que nous disposons de quatre formes d'intelligence, à savoir les intelligences corporelles, émotionnelles, cognitives et intuitives. Quelles sont les fonctions de chacune ? Notre intelligence corporelle est notre capacité à comprendre et à utiliser les messages comme la fatigue, les tensions et les malaises. Notre intelligence émotionnelle nous permet d'expulser les tensions internes par la mise en mots, les cris de joie ou de douleur, les larmes et, plus généralement, par l'expression, pour répondre à un besoin physique, psychologique, social.... L'intelligence cognitive nous permet d'analyser, de mémoriser, de calculer, d'abstraire. Et enfin, l'intelligence intuitive est notre capacité à appréhender directement la réalité, indépendamment de nos connaissances intellectuelles.

Ces quatre formes d'intelligence interagissent les unes avec les autres. Ainsi, plus nous sommes détendus, mieux nous accédons à notre intuition. Avez-vous remarqué que les idées viennent souvent au réveil, sous la douche ou devant un coucher de soleil ?

Quand nous ressentons nos émotions, nous faisons évoluer notre état émotionnel et nous passons d'émotions désagréables à des émotions agréables. Cette prise de conscience permet littéralement de « débloquer » nos émotions – ces dernières se libèrent en remplissant leur fonction – et de passer à un nouvel état émotionnel.

Si nous apprenons à utiliser notre intelligence corporelle, cela nous permet aussi d'identifier nos émotions et nos besoins en questionnant notre corps. Un participant évoquait une tension à la nuque et, par curiosité, a essayé de lui donner un sens. À sa surprise, il s'est rendu compte qu'elle exprimait toutes les tensions professionnelles qu'il vivait. Des larmes ont coulé et l'ont soulagé dès qu'il a fait le lien. Enfin, notre intelligence cognitive est d'autant plus utilisable que notre état affectif le permet. Si je suis détendu face à des auditeurs, tranquille face à mon interlocuteur ou disponible face à mes collaborateurs, mon efficacité sera multipliée.

Pratique du coach

L'exercice consiste à observer attentivement ce qui se passe autour de nous pendant une minute, en étudiant combien de temps nous restons centrés sur nos récepteurs sensoriels, sans penser ni porter de jugement. Puis, de faire le même exercice en observant ce qui se passe en nous pendant une autre minute. Enfin, de noter ce que nous avons remarqué sur une feuille de papier. En guise d'entraînement, nous donnerons chaque soir trois signes de reconnaissance positifs en nous brossant les dents. On pourra faire cet exercice à bon escient pendant un mois et observer ce qui surviendra dans nos relations professionnelles...

Pratique du coach

On note une situation professionnelle récente qui a provoqué en nous une émotion, colère, joie, peur, amertume, répulsion... Puis, nous répondons aux questions suivantes : étions-nous conscients au moment de l'expérience ? Comment l'avons-nous gérée ? Comment l'avons-nous occultée, observée, exprimée, utilisée, partagée ? Étions-nous plutôt dans une attitude encourageante ou de jugement ?

Pratique du coach

Prenons rendez-vous avec nous-mêmes pendant une heure, en nous isolant dans notre bureau et commençons notre prise de conscience par cette phrase : « Le but de ma vie c'est... ».

Un manager affirmait que, s'il faisait trop de compliments à ses collaborateurs, ils deviendraient plus exigeants et lui demanderaient une augmentation. Certes, si cette demande était légitime, il fallait l'honorer ou, sinon, expliquer clairement les raisons du refus. Une bonne confrontation est parfois préférable au fait d'éviter d'aborder des sujets importants aux yeux des collaborateurs.

IDENTIFIER NOS INTENTIONS : OÙ NOUS ALLONS

Pour faire un choix, prendre une décision, il est important de prendre en compte autant nos connaissances que nos « ignorances ». Notre conscience nous guide dans ce processus, car nous devons nous servir de toutes les ressources à notre disposition, les nôtres et celles des autres. En ce qui concerne nos propres ressources, il faut arriver à prendre en compte celles que nous ignorons et qui nous font agir à notre insu. Nous restons donc vigilants pour accueillir chaque message de notre intuition qui vient de notre expérience directe et de notre expérience collective. Cette dernière est ce que Jung appelle « l'inconscient collectif » et Ruppert Sheldrake « la mémoire de l'univers ».

En ce qui concerne nos ressources externes, notre besoin de certitude nous enferme souvent dans une seule réalité et cache l'intelligence et la créativité de notre équipe ou de notre réseau relationnel.

Remarquons que la difficulté du manager est ici d'affirmer son propre choix tout en reconnaissant l'importance des autres. D'être ni l'unique décideur ni absent de la décision. Ni d'imposer son choix, ni de le subir.

Pratique du coach

Nous faisons preuve d'une attention particulière lors de nos échanges pour nous enrichir des paroles de nos interlocuteurs plutôt que de chercher à confirmer nos a priori. Nous restons donc continuellement réceptifs aux informations internes et externes.

ALIGNER NOS CHOIX ET NOS CROYANCES

Pour vérifier la cohérence entre notre décision et notre système de croyances, observons nos pensées, nos images ou nos dialogues intérieurs. Nous pensons régulièrement à nos pensées pour **rester conscient de notre manière de penser, détecter certaines « autoroutes de pensée » et prendre ainsi conscience de nos croyances racines**. Si ces croyances sont contradictoires avec notre choix, nous devons littéralement repenser nos pensées jusqu'à les avoir alignées avec eux. Si nous n'arrivons pas à obtenir une cohérence entre nos croyances et notre choix, ce projet n'est peut-être pas mûr et a besoin d'un temps de maturation. Si nous parvenons à percevoir clairement nos choix lors de nos visualisations, après les avoir validés cognitivement, il nous reste à vérifier notre ressenti.

Pratique du coach

Si vous avez des difficultés d'attention, nous vous invitons à commencer par vous entraîner à maîtriser votre corps. Pour cela, prenez quinze minutes par jour dans un fauteuil en restant immobile. Quand vous y arriverez aisément, vous pourrez vous exercer sur vos pensées.

VÉRIFIER NOTRE RESSENTI : NOS ÉMOTIONS SONT-ELLES AGRÉABLES ?

Pourquoi sentir nos émotions ? En quoi sont-elles importantes pour notre autonomie ? L'étape la plus importante consiste à **nous appuyer sur nos émotions, c'est-à-dire à les observer et à évaluer si elles sont agréables ou non**. Si nos émotions sont désagréables, nous nous posons la question de savoir en quoi elles le sont et nous prenons conscience des freins sous-jacents à cette sensation. Nous renouvelons cette boucle jusqu'à ce que nos émotions deviennent agréables. S'il y a soulagement, c'est que nous progressons dans notre alignement. **Un des pièges à éviter est de « penser nos émotions » plutôt que de « sentir nos émotions »**. Mettre des mots sur nos émotions peut nous aider mais ne suffit pas toujours. L'objectif est d'arriver à véritablement sentir nos émotions. Là encore, nous avons deux options : la première est de ne rien sentir, et de dire « je ne sens rien » ou « je ne sais pas ce que je ressens » (voir la pratique du coach page suivante). La seconde est de sentir ses émotions avec deux cas possibles : elles sont agréables, et je continue le processus ; ou elles sont désagréables, et je m'arrête et décode le sens associé en identifiant les besoins non satisfaits.

Pratique du coach

De même que pour nos pensées, il faut apprendre à sentir nos diffé-rents états affectifs. Pour cela, nous pouvons nous focaliser pendant quinze minutes sur les émotions qui sont associées aux images qui traversent notre esprit et arriver peu à peu à accepter toutes les émotions qui apparaissent. Sentir nos émotions, être avec elles sans les juger ni dire que nous éprouvons de la peur ou de la colère, mais en prendre simplement conscience.

VIVRE PLEINEMENT L'EXPÉRIENCE : REPÉRER ET M'OUVRIR AUX OPPORTUNITÉS

Nous avons jusqu'ici abordé seulement notre expérience intérieure. Avant de passer à l'expérience réelle, deux actions complémentaires sont applicables : d'une part, pratiquer la mise en situation ou le jeu de rôle et, d'autre part, s'ouvrir à ce qui se présente à nous. Pour, valider complètement notre décision, il nous reste à harmoniser l'aspect comportemental aux aspects cognitif et affectif abordés précédemment.

En nous donnant la possibilité d'expérimenter avant l'expérience réelle, nous nous donnons plus de moyens pour la réussir. Par **« expérimenter » nous entendons ici trouver les moyens de vivre l'expérience avant l'expérience réelle à travers des répétitions, des mises en situation, des jeux de rôles qui intègrent nos dimensions cognitive, affective et physique.** Lorsque nous faisons du théâtre, par exemple, nous répétons un texte appris par cœur. Apprendre par cœur signifie apprendre de manière cognitive et affective avant de jouer le rôle.

Pour nous, le processus est similaire. Nous avons ciblé l'expérience que nous voulons vivre, nous l'avons visualisée et ressentie. Il nous reste à la vivre. Ce faisant, gardons-nous de ce que dénonçait la philosophe Hannah Arendt : les dangers de « faire sans agir », c'est-à-dire de faire les choses en étant conscient du sens que nous lui donnons. En ce qui nous concerne, nous avons vérifié le sens de notre expérience à travers les différentes étapes.

La deuxième attitude, pour expérimenter la décision, consiste à **accueillir et rester attentif aux événements, aux situations ou aux rencontres qui peuvent aller dans le sens de notre choix.** Si nous acceptons l'idée que nos pensées sont créatrices, le fait de penser intensément à quelque chose génère cette chose. Il nous reste donc à être attentifs aux opportunités qui se présentent. En effet, nous avons tous les jours des opportunités, il nous reste à les accueillir.

Dans son ouvrage *Entraînement mental du sportif – Comment éliminer les freins psychologiques pour atteindre les conditions optimales de performance*[1], Hervé Le Deuff parle de « routines de visualisation » avant une compétition. Dans la visualisation, il est primordial d'être convaincu que l'objectif va se réaliser pour se mettre dans les conditions psychologiques optimales.

Il ne reste plus, après ces quatre étapes, qu'à lâcher prise et à faire confiance à ce qui arrivera.

Pratique du coach

Quand un responsable commercial visualise sa journée, il se met dans des dispositions qui le favorisent. Un jour, il s'est aperçu qu'il souhaitait avoir des signes de reconnaissance de ses collègues et s'est visualisé en train de les recevoir : en adoptant cette posture, il a effectivement obtenu de nombreux retours positifs.

J'ouvre une parenthèse pour mettre l'accent sur la valeur de notre attitude proactive par rapport à l'habitude de réagir au comportement de l'autre. Deux attitudes sont donc possibles face à une situation relationnelle : réagir ou proagir. La première consiste à réagir contre l'autre. Quand nous sommes en réaction face à quelque chose qui nous déplaît, nous n'aidons pas la personne en face à se rapprocher de nous. Nous voulons que l'autre change mais, en réagissant, nous faisons tout pour qu'il reste comme il est. La seconde attitude consiste à être proactif, à proposer à l'autre un

---

1. LE DEUFF Hervé, *Entraînement mental du sportif – Comment éliminer les freins psychologiques pour atteindre les conditions optimales de performance*, Éditions Amphora, 2002.

Processus d'alignement de la personne

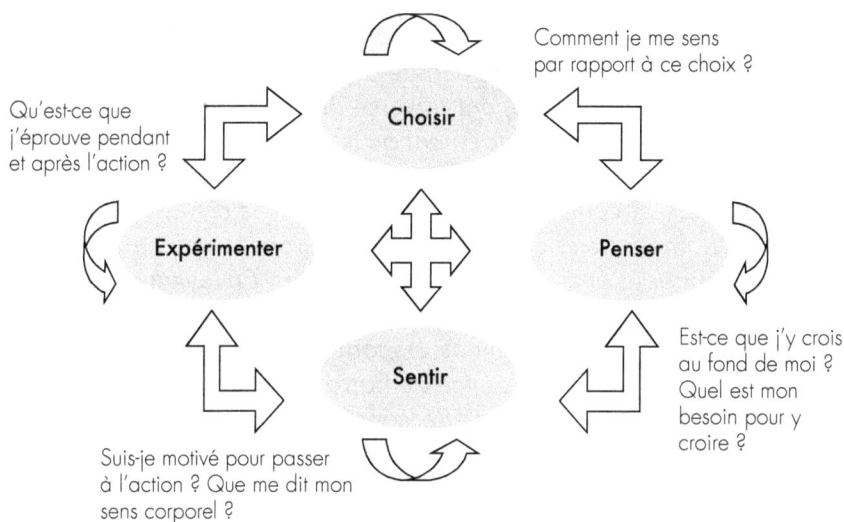

Qu'est-ce que j'éprouve pendant et après l'action ?

Comment je me sens par rapport à ce choix ?

Choisir

Expérimenter

Penser

Sentir

Est-ce que j'y crois au fond de moi ? Quel est mon besoin pour y croire ?

Suis-je motivé pour passer à l'action ? Que me dit mon sens corporel ?

comportement qui nous convient. Là, nous arrivons à expliquer en toute franchise ce que nous attendons de l'autre, ce que nous aimerions qu'il fasse en lui laissant la liberté de choisir. Avec cette posture, nous nous laissons toutes les chances d'y arriver.

Nous avons parfois besoin de dire « non » à des clients ou à des collaborateurs sans pour autant faire en sorte qu'ils se sentent rejetés. Pour y parvenir, quand une personne nous fait une demande que l'on ne peut accepter, l'idée est de dire « oui » à notre projet plutôt que de dire « non » à sa proposition. Ainsi, par exemple, si un collaborateur nous demande un congé que nous ne pouvons pas lui accorder, plutôt que de réagir en disant « non », répondons-lui que le lancement du projet nécessite sa présence ou que le choix a été fait qu'il assure son suivi.

Pratique du coach

Pour être conscient de l'importance de notre autonomie, chaque participant prend conscience de l'importance de sa liberté en tant que personne, professionnel ou citoyen… Nous commençons ainsi à faire évoluer sa conscience et sa liberté d'être. C'est la raison pour laquelle, nous abordons en priorité la conscience de soi avant celle de l'équipe ou de l'organisation.

Pratique du coach

Les objectifs des séminaires sont doubles : développer ses compé-tences émotionnelles et prendre conscience de leurs développe-ments. Comme nous sommes dans le domaine du savoir-être, certains qui, au cours du séminaire, ont traversé des états émotionnels, n'ont pas pris conscience du changement qu'ils ont vécu. L'important est de les aider justement à en prendre conscience afin de pouvoir renforcer cette attitude et cette introspection. Dans le cas contraire, ils seront l'objet d'homéostasie, c'est-à-dire qu'ils auront le réflexe de revenir sur des habitudes anciennes et mieux connues. En revanche, en étant conscients, ces managers iront plus volontiers vers ce type de comportement, d'entraînement et continueront cette démarche... C'est là le sujet de la conscience de notre conscience. Nous sommes conscients de l'importance d'être conscients dans notre autonomie. Cela n'a rien n'à voir avec le fait de nous libérer d'événements émotionnels, mais avec celui de mesurer, dans notre autonomie et notre développement, l'importance de la prise de conscience.

Au-delà des connaissances

Les attitudes « méta » invitent à prendre du recul sur nos connaissances, notre communication et notre expérience. Leur intérêt est d'aider à contex-tualiser, à comprendre, à finaliser, à agir sur un objet étudié.

La *méta-cognition*, ou méta-connaissance, est notre aptitude à observer, évaluer, adapter nos connaissances en fonction de ce vers quoi nous souhaitons aller. C'est adapter nos connaissances à notre projet. C'est finaliser nos connaissances, notre intelligence pour les mettre au service de notre but. Le projet peut être individuel, groupal ou social. L'épistémo-logie est un exemple de méta-connaissance, en tant qu'étude de nos connaissances. Les questions types sont : quel est notre projet de connais-sance ? Au service de quelle cause ? Quel est notre projet de décondition-nement, de prise de conscience des informations inutiles voire bloquantes pour notre projet et qui encombrent nos savoirs ? En quoi est-ce important, essentiel ? Plus spécifiquement, dans le cadre du coaching, se pose la question des scénarios, des croyances limitantes, des conditionnements groupaux ou culturels.

Pour arriver à cela, le coach a besoin de sa capacité à observer sans inter-préter, à percevoir sans juger, à comprendre sans critiquer, à ressentir en acceptant ses propres émotions.

La méta-communication est notre aptitude à communiquer sur notre communication, à parler de nos paroles, à sentir nos sentiments.

• • •

• • •

En échangeant à deux niveaux, nous pouvons prendre du recul sur ce qui se passe si la démarche est comprise et acceptée par tous les interlocuteurs. Dans le cas contraire, le risque est de rester dans un dialogue de sourds. Elle peut se réaliser sur un, deux, voire trois niveaux de communication. Par exemple : comment avez-vous trouvé notre échange ? Ça m'a soulagé et je suis plus détendu. Qu'avez-vous remarqué sur votre façon de répondre ?

Elle peut aussi s'appliquer à soi, à une personne, à un groupe, à une équipe. Les questions types peuvent être : comment vivons-nous notre échange ? Suis-je présent à ce que chacun dit ? Que puis-je dire sur la manière de communiquer de mon interlocuteur sans interpréter ? Que se passe-t-il en moi maintenant quand je m'exprime ? Suis-je tendu, fatigué, distrait ou centré, serein et disponible ?

La *méta-expérience* se décrit comme notre capacité à vivre l'expérience, c'est-à-dire être avec, vivre pleinement ce que nous vivons, être ce que nous sommes, être présent à soi et aux autres. C'est notre capacité à expérimenter, à embrasser notre vécu de tout notre être, de toute notre présence et de toute notre conscience. C'est ce que tentent de développer les approches comme le yoga, le taï-chi ou le zen. C'est ce qui fait dire qu'une personne a de la présence, du charisme, une aura.

◾ NOS COMPÉTENCES ÉMOTIONNELLES ET L'AUTONOMIE

Notre expérience quotidienne est le résultat de nos pensées, elles-mêmes liées à nos croyances. Plus précisément, elle est le résultat des pensées émises jusqu'à ce jour, avec plus ou moins d'émotion et de conviction.

Notre liberté réside donc dans notre capacité à choisir des pensées qui correspondent à nos aspirations. Plus nos systèmes de pensées sont en harmonie avec nos aspirations, mieux nous nous accomplissons. Pour le manager, plus ses systèmes de pensées correspondent à ses objectifs professionnels, mieux il les atteindra. Pour que se manifestent concrètement ses aspirations, il devra anticiper et rester conscient des opportunités, rester confiant dans le fait que les situations et les personnes contribuent à la réussite de ses objectifs. Sans cet état d'esprit, le manager risque de passer à côté des opportunités de croissance.

Être autonome implique la maîtrise de trois processus de croissance : rester conscient pendant l'expérience, visualiser son expérience cible et accueillir les opportunités de croissance.

Maîtrise et processus de croissance

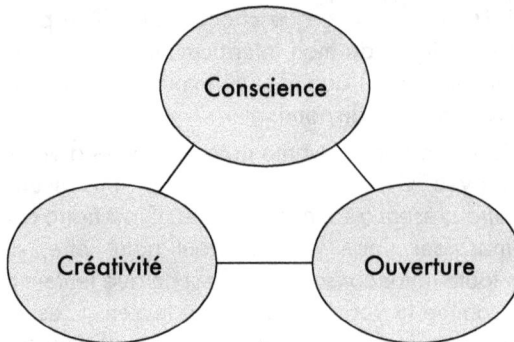

Conscience, Créativité et Ouverture : pour ces trois processus, le manager va s'appuyer sur ses propres compétences intrapersonnelles dont la conscience de ses émotions et de ses motivations, sur ses compétences interpersonnelles dont l'écoute et la responsabilité, et sur ses compétences transversales dont l'optimisme et l'accompagnement.

POINTS DE VUE COMPLÉMENTAIRES QUI ENRICHISSENT NOTRE PROPOS

Pour mieux comprendre l'autonomie, rappelons deux points de vue :

– **les degrés d'autonomie** de l'analyse transactionnelle. L'encadré page suivante n'est qu'un modèle et ne peut décrire la réalité de l'autonomie, mais nous donne un regard intéressant ;

– le point de vue du psychologue Michelle Larivey qui a enrichi ce concept. Notre autonomie est notre capacité à être soi avec notre singularité.

Les degrés d'autonomie
(analyse transactionnelle – Éric Berne)

1. Dépendance : identification à la relation (- +, pour l'autre)*. « Je fais pour l'autre, je suis l'autre. »
2. Contre-dépendance : dit non pour savoir ce qu'elle veut (- -, contre l'autre). « Je suis contre l'autre. »
3. Indépendant : Parent et Adulte possible (+ -, sans l'autre). « Je fais sans l'autre. »
4. Interdépendant : Parent, Adulte et Enfant possible (+ +, avec l'autre). Sait dire non et mettre ses limites.

---

* (soi, l'autre) et - = vision négative ; + = vision positive.
Exemple : (+ -) = je suis OK et l'autre n'est pas OK

C'est une liberté fondamentale que nous acquérons par nos propres efforts. La personne admet sa vulnérabilité face aux réactions des personnes importantes sans pour autant les nier. Elle est capable de se respecter, c'est-à-dire de reconnaître qu'elle a des émotions, des besoins, des opinions et de les affirmer ouvertement, vis-à-vis de personnes importantes pour elle, au risque de les affecter, d'être blâmée ou même d'être rejetée.

Elle précise que cette autonomie affective ne peut être atteinte en neutralisant la dépendance par *l'évitement*, mais au contraire en prenant le risque d'être soi en contact ouvert avec les personnes importantes ; par la *demande de permission*, souvent suivie de reproches vis-à-vis du « permetteur » de nous empêcher d'être nous-mêmes ; ou enfin, en *revendiquant à travers une cause* sociale, écologique ou autre. Cette autonomie est interne, ce n'est pas un droit mais une liberté à gagner, une ressource à développer.

■ AUTONOMIE ET COMPÉTENCES INTRAPERSONNELLES

La première étape : **être conscient pendant l'expérience quoti-dienne.** Deux implications montrent l'importance de cette position. La première est l'identification des émotions désagréables qui se présentent à nous pour les prendre en compte. Chaque émotion sera décodée pour trouver les pensées à leur origine et derrière elles, les croyances qui nous ont amenés à ces pensées. La seconde implication est la prise de conscience des émotions agréables pour renforcer ses actions et exprimer sa gratitude vis-à-vis des personnes concernées, y compris soi-même. Une émotion agréable est une information capitale qui nous aide à évoluer dans notre vision, de manière autonome. Le risque est bien sûr d'agir ou de décider pour plaire aux autres, c'est ce que nous faisons la plupart du temps. Le rôle du manager est donc très difficile lorsqu'il lui faut prendre des décisions lourdes ou qui ne correspondent pas aux pressions exercées par les autres acteurs. Or, il est capital de savoir faire la différence entre une décision pertinente et une décision « acceptable » par les autres. Par ailleurs, il est tout aussi dommageable de ne pas prendre en compte les émotions agréables. Quand la direction, les managers et les cadres porteront plus d'attention aux émotions véhiculées dans l'entreprise, on obtiendra une ambiance non seulement plus décontractée, mais aussi plus constructive et plus motivante. Il est de la responsabilité de l'entreprise et des responsables de faire en sorte que chacun soit garant de ce qu'il dit. Il est évident que toutes ces émotions liées au plaisir, à la joie, à l'enthousiasme, à l'optimisme, au contentement sont recommandées pour un travail efficace.

Pratique du coach

Lors d'une session, un dirigeant avait un sentiment d'impuissance, il avait l'impression d'être face à un mur vis-à-vis de ses collaborateurs qui ne travaillaient pas au rythme qu'il souhaitait. En décodant ces ressentis, il s'est rendu compte qu'il reproduisait la même situation que celle rencontrée lors de sa période d'activité de consultant. Il a compris qu'il ne pouvait pas longtemps travailler dans différentes cultures en restant attaché à un rôle. Il avait confondu le rôle professionnel et l'identité personnelle.

Chaque intervention nécessitait d'identifier le rôle professionnel pour s'adapter à son client, mais il était important de garder son identité personnelle pour assurer la flexibilité nécessaire à la complexité de son travail. Il s'était inconsciemment enfermé dans une attitude rigide qui était : « *Je ne montre pas mes émotions pour éviter d'être mani-pulé* » qui engendrait chez ses collaborateurs une attitude similaire et freinait considérablement le rythme de travail de l'équipe. Par mimé-tisme, chacun restait sur la défensive, se protégeait, et le niveau de confiance n'était plus suffisant pour compenser la difficulté de la période vécue.

Pratique du coach

Un chef de projet avait du mal à trouver un travail correspondant à son profil et s'était orienté sur un marché qu'il pensait porteur plutôt que d'écouter ses émotions. Il aimait un aspect de son activité, mais ne s'autorisait pas à entreprendre des démarches correspondant à cette orientation. Dès qu'il eut pris conscience de sa croyance limitante, il initia une action et rebondit très vite vers des fonctions qui répon-daient à ses aspirations.

Lors d'un exercice, nous avons décodé la situation d'un consultant qui travaillait sous tension depuis des années. Nous avons imaginé pos-sible le fait qu'il travaille dans le plaisir. À partir de là, nous avons iden-tifié ce que cela signifiait pour lui.

Il s'est peu à peu détendu et, sans s'en rendre compte, il a pris du plaisir à préparer ses interventions derrière son écran. Il disait souvent : « Je n'aime pas faire ce travail intellectuel, je préfère intervenir sur le terrain. » Ses préparations étaient beaucoup plus efficaces, et, paradoxalement, il faisait en moins de temps une plus grande quantité de travail. Ce cas est à rappro-cher d'un excellent manager qui disait : « Je suis fainéant donc je cherche toujours la façon la plus rapide pour réaliser mon travail. » À force de cher-cher des manières efficaces de travailler, il s'était pris au jeu et avait fini par aimer son travail et à devenir un manager admiré pour ses talents, son ouverture d'esprit et son empathie.

Pratique du coach

Un excellent outil pour aiguiser notre réceptivité est ce qu'on appelle la « méditation ». Elle consiste à observer sa respiration pendant cinq minutes assis dans un fauteuil confortable et en silence. Les moments les plus opportuns sont le matin au réveil ou le soir avant de se coucher.

La seconde étape : en restant conscients de nos émotions, nous contextualisons les expériences en fonction de nos aspirations.

Celles-ci sont nourries par nos prises de conscience et le cercle vertueux se renforce. Un cercle vertueux ouvert, qui engendre une spirale de progrès. Cette spirale intègre en fait la conscience, la confiance, l'affirmation et la réalisation professionnelle. La conscience étant plus précise, plus aiguisée, le manager renforce son estime personnelle qui l'encourage à donner des appréciations à ses collaborateurs et clients. Plus le manager est confiant, plus il sera l'auteur de vrais compliments, des compliments appuyés sur des faits, des témoignages vivants, des situations réelles. Les justifications pour ne pas valoriser ses collaborateurs, du type : « il va me demander une augmentation » ou : « il va s'arrêter de travailler » n'auront plus lieu d'être car la raison profonde de ne pas donner de signes de reconnaissance est d'abord une question de confiance en soi.

Comme nous le voyons, il n'y a qu'un pas entre la confiance en soi et l'affirmation de soi. Pour compléter et évoquer la relation entre autonomie et réalisation de soi, nous constatons que, pour se réaliser, il est important de s'appuyer sur la réalité et une conscience aiguisée de celle-ci pour repérer nos aspirations et les éléments de notre réalisation. Sans cette capacité à identifier ce que nous aimons, à avoir une véritable estime personnelle et à la communiquer spontanément, les chances de préciser notre but seront faibles, celui-ci demeurera flou, voire inaccessible.

Pratique du coach

Il existe un outil d'aide à la visualisation de nos aspirations afin de les confronter à notre système de croyances et à nos pensées. Il consiste à visualiser notre but pendant cinq minutes et à identifier les émotions qui émergent. Si ces émotions sont désagréables, nous ne sommes pas prêts et il nous faudra décoder les croyances qui s'y opposent. Si elles sont agréables, nous sommes sur la bonne voie....

Être autonome commence donc par la conscience de soi et se concrétise par la réalisation personnelle et professionnelle. Autrement dit, orienter notre réalisation, c'est prendre conscience de nos émotions, agréables ou désagréables.

Précisons que la réalisation de soi ainsi que toutes les compétences intrapersonnelles peuvent être vues comme les fondations de notre intelligence émotionnelle. La charpente est constituée des compétences interpersonnelles et l'enveloppe de cette construction est formée par l'ensemble des compétences transversales.

◼ AUTONOMIE ET COMPÉTENCES INTERPERSONNELLES

Après avoir « créé de manière délibérée » celui que nous souhaitons être, il reste à percevoir dans notre environnement les personnes et situations qui permettent de le manifester. Percevoir signifiant ici écouter, observer, sentir et interroger ouvertement et sans *a priori*. **L'autonomie passe par la capacité à percevoir notre environnement. Or, la meilleure façon d'être sûr d'y parvenir est d'écouter activement les acteurs qui le composent.** Cette écoute est indispensable à la construction de relations efficaces et mutuellement satisfaisantes. Dans cette écoute, il y a peu de place pour les préjugés, les *a priori* et les interprétations. Elle consiste à être attentif à l'harmonie qui existe entre ce qui est dit et les aspects non verbaux de la communication : expressions, intonations de voix, gestuelle du corps...

Un outil très pratique et facile à mettre en œuvre est la reformulation. Si nous souhaitons évaluer notre capacité d'écoute, exerçons-nous à reformuler régulièrement ce que nous percevons de notre interlocuteur, ses paroles, son visage, sa voix, ses attitudes corporelles... Dans la pratique des accompagnements, les intervenants reformulent trop rarement le sens de la problématique évoquée. La première chose importante ici est donc d'écouter activement et émotionnellement. Il est important de reformuler pour valider notre compréhension de ce que l'autre a dit et n'a pas dit. Au-delà des mots, dans la manière qu'il a de les exprimer, certaines choses peuvent être en dissonance, le verbal n'étant ici qu'une infime partie de la communication. Reformuler est la seule manière de savoir si nous sommes dans l'interprétation ou dans une écoute empathique et de si ce que notre interlocuteur dit est bien ce qu'il veut nous communiquer. Enfin, notre écoute nous permet de prendre conscience des éventuelles dépendances et du même coup, tend à nous en libérer.

$$\text{Autonomie} = \text{expression [besoin affirmation + besoin dépendance]}$$

À la différence de la communication, la relation s'installe dans la durée. Cette relation peut concerner nos collaborateurs, nos clients ou notre hiérarchie. **Plus la relation est authentique et profonde, plus elle permet de faire évoluer notre conscience de nous-mêmes, des autres, de notre environnement en général.** Elle est un excellent indicateur pour savoir où nous en sommes vis-à-vis de nous-mêmes. La relation ne peut se développer que dans une écoute mutuelle. Elle ne restera vivante et riche que si les interlocuteurs assument pleinement leur responsabilité. Être autonome est donc fortement lié à nos capacités d'écoute et d'implication personnelle dans la relation. **Pour être pleinement responsable, il est nécessaire de rester conscient des différentes séquences de notre journée.** Si nous nous sentons coupables d'avoir agi d'une certaine manière, nous ne faisons plus preuve de responsabilité, mais d'autojugement. Dans ce cas, nous avons tendance à nous justifier ou à réagir contre les autres de manière plus ou moins violente. Dans ce regard autocritique et dévalorisant, nous subissons la situation. En revanche, en assumant notre responsabilité, nous regardons au fond de nous et agissons dans le sens de la réalisation de nos aspirations.

Pratique du coach

Lors d'un échange avec un groupe de participants, certains ne pensaient pas être responsables des émotions qu'ils éprouvaient. L'un d'eux a affirmé : « Si vous dites quelque chose et que je ne suis pas d'accord, je vais obligatoirement avoir une émotion désagréable. » Or nous savons que certaines personnes peuvent ressentir une telle émotion tandis que d'autres ne la revendiqueront pas, qu'il est possible de rester dans un état émotionnel agréable, calme et détendu. Sachant cela, nous pouvons assumer la responsabilité de nos émotions et de nos opinions sans nous identifier à celles de notre interlocuteur. Nous les identifierons aux croyances qui les ont déclenchées.

Pratique du coach

Un exercice consiste à évaluer le nombre de fois où nous avons reconnu notre responsabilité dans les émotions que nous éprouvons au cours de la journée. Être responsable de ses émotions est la première étape de l'acceptation de notre responsabilité dans la vie. Être responsable, c'est donc s'accepter et accepter l'autre tel qu'il est sans vouloir le changer, même quand nous sommes touchés.

AUTONOMIE ET COMPÉTENCES TRANSVERSALES

Nous avons à nous focaliser sur les aspects de nos collaborateurs ou partenaires que nous apprécions autant que sur l'efficacité de leurs actions ou encore sur les solutions aux problèmes rencontrés. De cette manière, nous optimisons chaque situation rencontrée. Être autonome, c'est **être flexible en situations de crise, lors d'un licenciement, d'un conflit collectif ou encore d'un stress prolongé.** Lorsque nous vivons une situation de conflits répétés avec notre hiérarchie, il est plus efficace de nous focaliser sur les points sur lesquels nous sommes en accord plutôt que sur les points de désaccord. De cette manière, notre dépendance vis-à-vis de notre chef se réduit au minimum alors que, si nous nous focalisons sur les points de désaccord, il y a de fortes chances que notre marge de manœuvre devienne très limitée. En définissant notre résilience émotionnelle comme une aptitude à traverser des périodes de crise en en ressortant plus fort, en donnant du sens aux événements et en reconnaissant notre responsabilité vis-à-vis d'eux, nous pouvons dire aussi que notre résilience renforce notre autonomie, tant vis-à-vis de nos relations que de la situation de crise elle-même.

La différence entre un directeur qui évolue et un autre qui stagne, c'est que le premier traverse les crises en s'améliorant et le second en se dévalorisant. La résilience est nécessaire à notre évolution et, comme les changements sont aujourd'hui de plus en plus rapides et que la complexité est de plus en plus importante, il faut nous adapter et anticiper pour grandir avec les situations de crise. Être autonome, enfin, c'est **favoriser leur propre autonomie chez nos collaborateurs et clients, en les accompagnant à travers trois attitudes complémentaires :**

– **les écouter** activement et émotionnellement ;

– **reformuler** régulièrement leurs propos et leurs émotions ;

– **questionner** leurs systèmes de croyances, leurs paroles et leurs émotions.

C'est aussi répondre à leurs objectifs de réussite en renforçant leurs compétences métier (pour un tiers) et leurs compétences émotionnelles (pour deux tiers). Le manager émotionnellement intelligent renforce donc son autonomie par son optimisme continu, par sa résilience et sa capacité à accompagner ses partenaires pour qu'ils atteignent un niveau élevé d'autonomie. Il agit par lui-même pour répondre à ses besoins, reconnaît son expérience intérieure et en tient compte dans ses actions.

Pratique du coach

Réécrivons le film de notre vie, des situations, des paroles ou comportements de personnes importantes qui nous ont affectés avec la version historique, négative, et la nouvelle version, positive, qui intègre la vision optimale que nous avons choisi d'avoir et qui nous libère de ces dépendances. Écrivons tout ce qui nous vient à l'esprit sur chaque situation et rapprochons-nous progressivement de la version optimale jusqu'à nous sentir soulagés, libérés, allégés. Passons ensuite à la situation suivante…

■ CRÉER POUR ÊTRE AUTONOME

SE CRÉER AU TRAVAIL

Chacun de nous peut créer dans son activité et même créer son activité si elle n'existe pas. Nous avons besoin d'apprendre à écouter notre intuition, à écouter nos émotions et à nous faire confiance. La prochaine fois que nous rencontrerons des difficultés dans notre travail, plutôt que de chercher un coupable, essayons de trouver en quoi nous pouvons être plus créatifs. En effet, **les difficultés sont essentiellement dues aux limites que nous nous imposons à nous-mêmes sans nous en rendre compte.** Ce qui est d'autant plus surprenant, c'est que des personnes ou les groupes créatifs dans un domaine ne s'autorisent pas forcément à l'être dans d'autres secteurs.

Lors d'une intervention de conseil chez un client industriel dans l'aviation, nous avons été interpellés par le fait que, d'une part, il figurait parmi les meilleurs en analyse de la valeur, une méthode de création et de développement de produit, et que, malgré cela, nous n'avons trouvé aucune trace d'utilisation de cette approche dans sa direction informatique. Des murs séparent parfois les départements d'une entreprise.

Pascale est artiste peintre et intervient en entreprise. Elle en parle avec fierté et enthousiasme. Elle décrit sa manière d'innover et d'inventer avant, pendant ou après ses interventions. Le plaisir qu'elle en conçoit se sent et se lit sur son visage. Au contraire, Arnault ne cesse de dire qu'il s'ennuie et désire faire autre chose dans son métier de consultant. C'est une personne créative dans sa pratique artistique, mais il ne l'applique pas dans son activité professionnelle. Comment lui suggérer de mettre plus de créativité dans son travail ? Pourquoi ne cherche-t-il pas à se faire plaisir en travaillant ? De quoi aurait-il besoin pour cela ? Autant de questions à prendre en compte pour qu'il puisse enfin se rendre la vie plus agréable.

Pratique du coach

Lors d'un accompagnement, un manager mécontent disait : « Je n'ai pas l'habitude de baisser les bras, mais là, c'est trop, je ne peux m'empêcher de penser à arrêter, j'ai le sentiment de me trouver devant un mur. » Il expliquait que son directeur lui demandait des tâches impossibles et qu'il voulait ajouter un nouvel objectif dans son coaching afin qu'il soit capable de mieux gérer ses priorités. Jusqu'à présent, il listait les tâches par priorité en fonction de ce qui lui paraissait important pour son entreprise. Mais le problème était que son directeur ne lui donnait pas assez d'information pour y arriver ou qu'il avait le sentiment de manquer de temps. Compte tenu de son côté perfectionniste et cartésien, il se voyait dans une situation insoluble.

Nous avons donc établi un tableau avec deux listes. L'une pour les priorités de l'entreprise et l'autre pour les priorités de « son plaisir de réaliser les tâches ». Après un premier sentiment de culpabilité – il pensait que ce qui lui faisait plaisir était systématiquement en opposition avec son devoir professionnel –, il a compris qu'en étant stressé, il n'aurait aucune chance d'être performant et qu'en s'occupant de lui aussi, il pourrait non seulement être plus détendu, mais en plus être plus performant du fait de son état émotionnel.

Et c'est avec un plaisir discret, mais présent, qu'il exprima sa satisfaction quelques semaines plus tard.

Se recréer dans son travail, c'est définir continuellement où nous voulons aller, ajuster notre niveau de conviction, valider nos émotions et agir. Nos émotions sont essentielles pour nous recréer au travail. L'ennui, le stress, le découragement ne sont là que parce que nous avons oublié d'écouter nos émotions. Nous vivons constamment dans un état émotionnel, au travail comme ailleurs, et le degré de perception de nos émotions varie selon notre expérience, nos habitudes, nos croyances. Plus nous sommes proches de nos émotions, mieux nous pouvons prendre en compte nos besoins professionnels. **Dans les moments de croissance et de prospérité comme dans les moments de crise et de manque, écouter nos émotions nous permet de nous rapprocher de notre but, de nos aspirations.** Il n'y a pas un moment particulier ou mieux adapté pour nous recréer dans notre travail, et il est préférable de ne pas attendre d'être en difficulté pour le faire.

SE CRÉER DANS LA VIE

Au-delà de notre activité, il est intéressant d'utiliser notre créativité pour nous réaliser dans notre vie. Être créateur de notre vie, c'est généraliser l'utilisation de notre potentiel dans des domaines aussi variés que notre travail, nos relations, notre spiritualité, nos loisirs... sans limitation. Solliciter sa créativité commence par sortir de son mental pour interroger son intuition, ses désirs. C'est **s'amuser à regarder son travail, ses relations, sa vie avec son ressenti, avec les**

Processus d'alignement du professionnel (exemple)

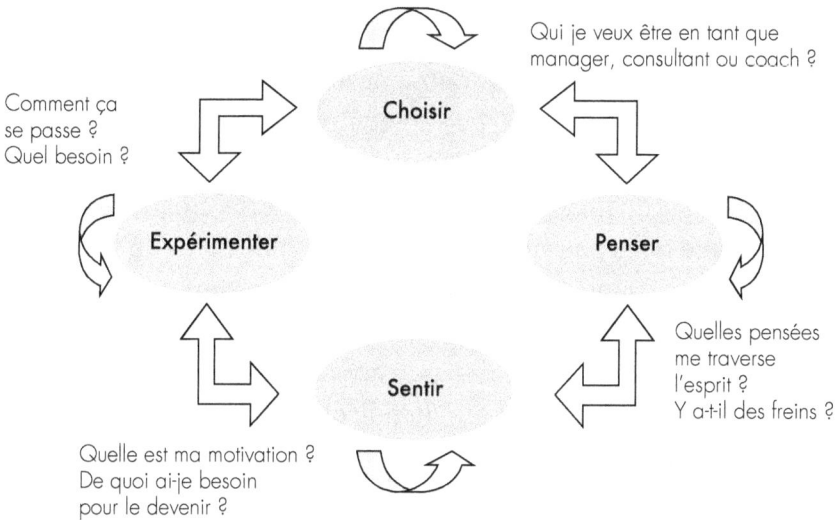

Choisir

Qui je veux être en tant que
manager, consultant ou coach ?

Comment ça
se passe ?
Quel besoin ?

Expérimenter

Penser

Quelles pensées
me traverse
l'esprit ?
Y a-t-il des freins ?

Sentir

Quelle est ma motivation ?
De quoi ai-je besoin
pour le devenir ?

yeux d'un enfant ou en prenant de la hauteur... C'est créer des ponts
entre les différents secteurs de notre vie, nous extraire de nos habitudes, de nos schémas, de nos formes de pensée.

Ainsi, Herbert Simon, prix Nobel d'économie, qui venait d'un tout
autre domaine que celui qui l'a rendu célèbre.

LA CRÉATION DE SOI ET L'AUTONOMIE

Plus nous développons notre aptitude à explorer notre environnement et nous-mêmes, plus notre créativité est nourrie par la richesse
que ce développement procure. Cela signifie que notre aptitude à
nous créer ou à créer une version stimulante de nous-mêmes est liée
à la subtilité de l'exploration de notre environnement. Chaque
changement, chaque transformation, chaque évolution a été pensé.
Cela concerne l'évolution technologique et l'évolution humaine,
l'évolution de la connaissance et l'évolution de l'intelligence. Notre
culture n'a-t-elle pas été pensée avant d'exister ? Notre aptitude à
comprendre vite les choses n'est-elle pas due à notre capacité à
penser à notre pensée ? Notre aptitude à prendre conscience n'est-

elle pas due à notre capacité à sentir nos émotions ? Donc, nous créons selon la hauteur de notre autonomie affective. Un savant aussi génial qu'Albert Einstein aurait-il pu résister aux attaques, aux critiques, aux doutes de ses contemporains s'il n'avait pas eu suffisamment d'autonomie affective ? Sans création, pas d'autonomie, sans autonomie, pas de création. Il est donc nécessaire d'avoir un minimum d'autonomie pour se créer soi-même. La créativité est une aptitude que nous possédons tous, mais qu'une minorité s'autorise à exploiter vraiment. **Apprendre à nous laisser surprendre par nos émotions est une des conditions pour être créatif.** Les ateliers créatifs en entreprise sont freinés par nos habitudes cognitives, nos jugements de valeur, notre peur du ridicule, notre crainte de l'erreur. En développant notre intelligence émotionnelle, l'appréhension se réduit, tout en nous permettant de garder une vigilance pour nous protéger d'un éventuel réel danger.

Ce qui relie la créativité et l'autonomie, c'est notre aptitude à changer de point de vue dans une période de temps déterminée. C'est notre flexibilité face à l'inconnu, à l'incertitude, à la différence, à l'altérité.

Pratique du coach

Quand nous mettons en œuvre des exercices de créativité, autour des arts plastiques, par exemple le dessin ou la peinture, nous entendons souvent comme réaction : « Je ne sais pas dessiner. » Cela témoigne non seulement de la spontanéité d'enfant que nous avons été, mais aussi de notre potentiel à lâcher prise et de notre aptitude à nous laisser guider par notre intuition. Pourtant, tous les participants arrivent à dépasser leurs appréhensions après avoir vérifié qu'il n'y a pas de danger et de risque d'être jugé dans leur démarche créative. Il s'agit simplement de stimuler notre aptitude à inventer notre futur par l'exercice et le jeu.

Pratique du coach

Un participant à un coaching me demandait un jour : « Comment est-il possible d'éviter la compétition pour évoluer dans notre société ? », sincèrement convaincu que cela était impossible. Et pour cause ! Son mode de pensée était limité, il pensait en cartésien. En prenant conscience d'autres manières de penser, il a ouvert des portes qui ont permis de répondre à cette question autrement. Le groupe trouvait qu'il était possible d'évoluer autrement, que l'évolution ne se limitait pas à une seule entreprise. Par conséquent, en sortant d'un système de pensée limitant, il devenait libre d'évoluer sans devoir entrer dans la compétition. En étant créatif, il devient possible de sortir du système compétitif.

Pratique du coach

Un coaching émotionnel se pratique avec une personne dont un problème est lié à l'une des compétences émotionnelles. Il peut être centré sur la prise de conscience de croyances bloquantes, inadaptées à la situation présente, par exemple un dirigeant paternaliste dans une entreprise innovante. Il peut être focalisé sur la maîtrise des émotions, leur observation, leur acceptation et leur expression. Enfin, il permet d'accompagner une personne pour atteindre son objectif, son but et donner du sens à sa vie.

Le coaching émotionnel répond à des demandes comme : « Je me sens incapable de prendre la parole en public », « Je ne m'intéresse plus à mon travail», « Je ne supporte plus mon directeur depuis notre désaccord » ou encore « Je manque de leadership ». Au niveau de l'équipe, il est centré sur les modes de fonctionnement de l'entreprise qui se lance à l'international ou sur un marché de culture différente. Il peut être focalisé sur l'échange des idées, le partage des valeurs, la cohésion d'une équipe, qui demande aux membres la prise en compte progressive de leurs émotions. Enfin, le coaching est centré sur le partage et la mise en œuvre d'une stratégie, d'une politique d'entreprise. Le coaching émotionnel au niveau de l'équipe répond à des demandes comme : « Nous perdons trop de temps dans les réunions », « Nous installons un ERP – progiciel transverse – qui va changer notre façon de travailler » ou « Avant notre fusion avec une entreprise, nous avons besoin de rapprocher nos cultures. »

Prendre du recul

Intelligence émotionnelle, culture et éducation
À quoi sert notre culture ?
La culture enrichit notre pensée, augmente notre discernement et rend nos prises de décision plus pertinentes. C'est la possibilité de reconsidérer ce que nous regardons comme des vérités, tant au sein de notre culture que par rapport aux autres.

• • •

• • •

C'est donc une manière de prendre du recul sur notre connaissance et notre expérience.

La définition de l'Unesco est la suivante : « Dans son sens le plus large, la culture peut être considérée aujourd'hui comme l'ensemble des traits distinctifs, spirituels et matériels, intellectuels et affectifs, qui caractérisent une société ou un groupe social. Elle englobe, outre les arts et les lettres, les modes de vie, les droits fondamentaux de l'être humain, les systèmes de valeurs, les traditions et les croyances. »

Quels sont les liens entre culture et intelligence émotionnelle ?

Dans la culture, nous trouvons la dimension cognitive et la dimension affective ou expérientielle, il est donc clair qu'elle contribue à notre autonomie affective, comme notre capacité à nous réaliser, notre responsabilité et notre aptitude à accompagner une personne ou un groupe.

Où en est l'éducation aujourd'hui ?

L'éducation est destinée à nous permettre de faire évoluer notre société et d'engendrer des citoyens responsables. Elle contribue à développer nos facultés physiques, morales et intellectuelles. Elle initie chacun à l'importance d'une culture locale et ouverte à l'altérité et à l'inconnu.

Quelles sont les propositions d'Edgar Morin pour l'éducation[1] ?

Il propose d'introduire sept savoirs qui lui paraissent nécessaires à l'éducation future :
  - la cécité de la connaissance, ce qu'est la connaissance humaine, ses dispositifs, ses infirmités, ses difficultés ;
  - les principes d'une connaissance pertinente, capable de saisir les problèmes globaux et fondamentaux autant que les problèmes partiels et locaux, de faire un lien entre les parties et la totalité ;
  - enseigner la condition humaine comme une unité complexe transversale à ses aspects physiques, chimiques, culturels, sociaux et historiques ;
  - enseigner l'identité terrienne, car notre destin planétaire ne peut plus être ignoré par l'enseignement ;
  - affronter les incertitudes apparues dans les sciences physiques (microphysique, thermodynamique, cosmologie) et les sciences de l'évolution biologique ou historique ;

• • •

---

1. MORIN Edgar, *Les Sept Savoirs nécessaires à l'éducation du futur*, Le Seuil, 2000.

© Groupe Eyrolles

• • •

- enseigner la compréhension mutuelle entre humains et étudier l'incompréhension dans ses racines, ses modalités et ses effets, pour explorer les causes profondes du racisme, de la xénophobie et du mépris ;
- l'éthique du genre humain dans le développement conjoint de son autonomie individuelle, de sa participation communautaire et de sa conscience d'appartenir à l'espèce humaine.

L'éducation doit-elle développer notre intelligence émotionnelle ?

Si l'on considère les enjeux élargis de l'éducation, il deviendra nécessaire de se questionner sur la pertinence de l'intelligence actuellement stimulée à l'école, d'enrichir le programme par le sens de l'action, de l'individu, du citoyen, de l'humain, et d'élargir le champ de l'éthique à l'être au sens large, l'être humain, l'être vivant.

Synthèse

- Être autonome, c'est aligner ses pensées, ses émotions et ses actes. En même temps, c'est se sentir prêt à affirmer ses émotions, ses besoins et ses convictions aux personnes importantes pour soi, de manière ouverte et en acceptant de les affecter, d'être blâmé ou rejeté.
- Le processus de croissance commence par la définition claire de notre désir, sa visualisation précise associée à des émotions agréables qui permettent sa manifestation.
- L'acquisition et le développement de nos compétences émotionnelles orienté par le désir permettent d'accepter une solitude existentielle qui conduit à notre liberté d'être.
- L'autonomie est la porte qui nous permet de nous créer délibérément en créant notre activité et notre vie.

Questions/Réponses individuelles

Comment développer notre autonomie d'une façon efficiente et par où commencer ?

La première étape consiste à réapprendre à observer sans porter de jugement sur ce que nous voyons, entendons, ressentons, percevons.

Donner des signes de reconnaissance permet de répondre à nos besoins affectifs. Ensuite, nous pouvons exprimer avec clarté ce qui se passe en nous sans jugement ni reproche. Enfin, nous pouvons définir clairement où nous voulons aller. Qu'est-ce que nous voulons pour nous maintenant, aujourd'hui, la semaine prochaine, cette année ou dans cinq ans ?

Par quoi commencer pour développer notre autonomie ?

L'autonomie est un cheminement, une continuité, un processus de progrès. C'est d'abord prendre l'habitude d'écouter ses émotions, puis faire des liens entre nos émotions désagréables et nos croyances pour décoder les freins. Sans cela, nous ne pouvons pas nous orienter de manière efficiente et nous risquons d'être en contradiction avec nos croyances. Nous ne pouvons pas atteindre nos objectifs si nos croyances s'opposent à nos aspirations. C'est, enfin, apprécier nos émotions agréables pour renforcer nos motivations et orienter notre croissance.

L'autonomie est-elle le fruit d'une harmonie entre intelligence cognitive et intelligence émotionnelle ?

Dans la mesure où l'autonomie du manager est liée autant à l'utilisation de ses compétences métier qu'à la maîtrise de ses émotions, il est clair que, si l'une d'elles est défaillante, son autonomie sera limitée. De manière systémique, si les boucles de rétroaction ne se ferment pas, il est probable que le manager ne pourra pas assumer complètement son rôle. Dans le domaine cognitif, la boucle représente la capacité à prendre en compte les retours d'expérience. Au niveau affectif, elle représente les rétroactions affectives.

En quoi sommes-nous plus libres en appréhendant la complexité de notre intelligence émotionnelle ?

Jusqu'à présent, l'intelligence émotionnelle était un ensemble d'aptitudes que nous utilisons sans nous en rendre compte, plus ou moins inconsciemment. Nous sommes plus libres dans la mesure où nous intégrons une posture « extérieure à soi » pour observer notre propre intelligence émotionnelle. Le fait d'adapter consciemment cette posture a forcément un effet sur nos décisions et nos libertés. Dans le cas contraire, nous subissons notre histoire, nos conditionnements et les désirs des autres. Ainsi, nous ne décidons pas vraiment de notre avenir.

Quel lien existe entre créativité et autonomie ?

En intelligence émotionnelle, la créativité permet de créer notre vie, ce qui inclut de créer son activité professionnelle, cette création contribuant à l'autonomie.

Le principe de s'orienter par soi-même s'oppose à l'hétéronomie, c'est-à-dire au fait d'avancer pour les autres ou d'être mû par des systèmes de croyances dépassés ou qui ne sont plus adaptés, ce qui signifie évoluer en subissant le point de vue des autres, en suivant les autres. C'est aussi ne pas se poser la question de ce que nous pensons avant de faire quelque chose. Cette attitude est apprise à l'école où l'on valorise les enfants qui ne parlent pas, des enfants faciles… Or le but de l'Éducation nationale est, en principe, de faire en sorte que les enfants soient autonomes pour qu'ils réussissent dans leur vie d'adulte et s'intègrent dans la société. Si nous ne créons pas ce que nous voulons vivre demain, en quoi sommes-nous autonomes ? Être autonome est par conséquent directement lié à notre capacité créative, qui nous permet de nous confronter à la réalité changeante et aux autres sans violence.

Questions/Réponses entreprises

Pourquoi le DRH doit-il renforcer le développement des hommes et des femmes dans l'entreprise ?

Comme nous le savons aujourd'hui, la réussite de l'entreprise dépend pour un tiers des compétences techniques et métier et pour deux tiers des compétences émotionnelles. Il devient urgent, surtout en période de crise, de rétablir au moins un équilibre entre les formations métier et les formations au développement humain et relationnel.

Comment un manager peut-il développer son intelligence émotionnelle d'une façon efficiente ? Et par où doit-il commencer ?

La première étape consiste, pour le manager, à réapprendre à observer son environnement professionnel sans porter de jugement sur ce qu'il voit, entend et ressent.

La seconde est d'arriver à donner des signes de reconnaissance de façon spontanée, pour répondre aux besoins affectifs et opérationnels de ses collaborateurs. Ensuite, exprimer avec clarté son point de vue, ses convictions, ses émotions, ses demandes. Enfin, définir clairement où il veut aller et mettre en œuvre son processus de manière créative.

Qui, dans l'entreprise, est le mieux placé pour développer l'intelligence émotionnelle ?

Si l'objectif est de développer la culture d'entreprise, trois acteurs sont importants : la direction générale pour impulser une énergie *top down*, la direction des ressources humaines pour mettre en œuvre les actions de coaching et de formation, et chaque directeur opérationnel pour garantir une régulation des nouvelles acquisitions.

Comment implémenter le sens pour augmenter la performance de l'entreprise ?

L'entreprise se construit et agit autour du sens en définissant une vision globale. La première étape est la cohésion de l'équipe, qui ne peut se faire qu'autour de cette vision. Cette dernière peut être partagée et prendre en compte les points de vue et les sentiments de chacun. On peut imaginer une construction du sens au niveau de chaque direction opérationnelle, informatique, commerciale ou de la production, c'est-à-dire traduire la stratégie globale et les actions locales. Il en est de même au niveau de chaque cadre entrepreneur de l'entreprise.

Questions d'entraînement

• **Comment reconnaissez-vous une personne autonome dans sa manière d'être ?**

....
....
....

• **En quoi les émotions peuvent-elles vous aider à développer votre autonomie ?**

....
....
....

• **En quoi est-il important d'accorder vos pensées et vos émotions ?**

....
....
....

• **Faut-il choisir entre : « Fais ce que tu penses » et « Fais ce que tu sens » ? Expliquez.**

....
....
....

• **Quel lien faites-vous entre l'autonomie et l'efficacité de l'entreprise ?**

....
....
....

• **Que diriez-vous à une personne qui vient vous voir pour que vous l'aidiez à devenir autonome ?**

....
....
....

Exercice d'illustration

L'échelle des émotions[1] :

> Joie
> Enthousiasme
> Contentement
> Ennui
> Frustration
> Déception
> Blâme
> Colère
> Culpabilité
> Peur

La prochaine fois que vous éprouverez une émotion désagréable, décrivez la situation et identifiez l'émotion qui correspond le mieux à ce que vous ressentez. Une fois l'émotion cernée, mettez par écrit les mots et les phrases qui vous procurent le plus de soulagement et vous permettent ainsi de remonter dans l'échelle des émotions. Que remarquez-vous ?

© Groupe Eyrolles

---

1. Cet exercice s'inspire de l'exercice : remonter l'échelle des émotions (Jerry et Esther Hicks, *créateurs d'avant-garde*) Ariane, 2006.

La performance : les émotions, c'est du temps

Objectifs

- Valider la performance par notre degré d'autonomie.
- Identifier les clés de notre perfectibilité au quotidien.
- Savoir prendre du recul sur notre performance.
- Avoir une auto-exo-ré-évaluation pertinente de son expérience.

« Le mental intuitif est un don sacré et le mental rationnel est un serviteur fidèle. Nous avons créé une société qui honore le serviteur et a oublié le don. »

Albert Einstein

ETRE PARFAIT, C'EST RESTER PERFECTIBLE

Combien de temps passons-nous à valider la direction où nous voulons aller ? Pour répondre à cette question, il nous faut examiner sa pertinence au sein d'une échelle de valeurs dont le premier barreau serait accordé à la valeur à laquelle nous octroyons la primauté selon nos propres perceptions. Donnons-nous la primeur aux performances économiques ? Si c'est le cas, faut-il s'interroger sur cette priorité ? Certains managers valorisent-ils en premier lieu le sentiment de sécurité et, à l'évidence, cette priorité demande aussi une introspection. Et l'entreprise ? Que cherche-t-elle à vivre comme expérience ? Nous savons que l'on ne peut plus seulement considérer la dimension économique de l'entreprise, car vivre la richesse n'est pas une solution satisfaisante. L'entreprise n'est pas borgne, elle est intelligente et a le droit de s'approprier son sens plutôt que de le laisser entre les mains des penseurs. C'est elle qui vit les choses et non les stratèges de tous poils... Plus généreusement, **parlons de la performance économique, sociale, écologique et existentielle.** La performance existentielle pourrait être la non-performance, la sortie du joug du résultat pour s'en libérer et se repositionner en lien avec le sens de la vie, le vécu, la qualité d'être. Nous le savons bien, cette qualité d'être engendre évidemment de la performance, mais celle-ci n'est pas exclusive. La véritable performance harmonise nos différents points de vue. *A contrario*, se focaliser sur la performance économique engendre inévitablement un déséquilibre dans la vie. Un déséquilibre qui génère du stress, des jeux de pouvoir, de la manipulation, du harcèlement, bien que nous soyons tous d'accord pour choisir la confiance, la création et l'harmonie dans notre activité. C'est une formidable occasion de réfléchir sur la performance de la performance et de se questionner sur sa pertinence.

Performance ? À l'origine, le mot vient de *parformer*, qui signifie « parfaire » et qui s'est petit à petit transformé en « résultat ». N'ayons pas peur de dire encore une fois que **le sens de la performance est d'accomplir et non d'obtenir un résultat.** Il est intéressant de voir comment, par notre culture du résultat, nous avons occulté l'importance de l'accomplissement qui, curieusement, est très proche de la qualité d'être et de notre intelligence émotionnelle. Il s'agit donc de relier et d'harmoniser les différents sens plutôt que de les séparer. Grâce à l'étymologie et pour aller plus loin, nous voyons que le mot « intelligence » renvoie au verbe « lire », issu d'une famille de mots dont la racine indo-européenne *leg* signifie « cueillir », « recueillir », « rassembler » ou le mot grec *legein* signifie littéralement « rassembler » ou « dire ».

L'intelligence implique donc la notion de choix avec une faculté d'analyse et de sélection. Pour le philosophe André Bouguénec, « il n'y a pas de conscience sans faculté de choix et ceci est absolu. Et c'est pourquoi, il faut acquérir par la liberté de choix les notions de réussite et d'erreurs pour qu'apparaisse, par cumul d'expériences, d'empirisme, l'intelligence qui forme une conscience. Il n'y a pas d'intelligence ni son progrès sans la possibilité de se tromper. Et cela est absolu[1] ».

Les quatre dimensions de la performance

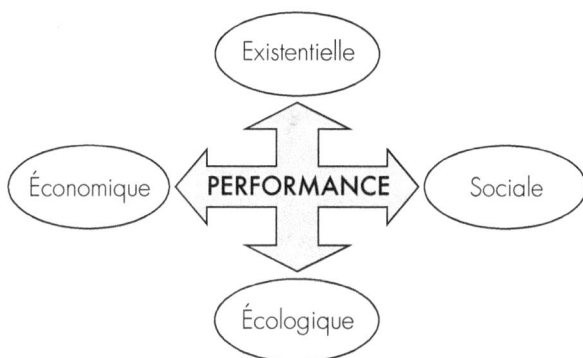

```
              ┌──────────────┐
              │ Existentielle │
              └──────────────┘
                     ▲
                     │
┌───────────┐   ┌─────────────┐   ┌────────┐
│ Économique │◄──│ PERFORMANCE │──►│ Sociale │
└───────────┘   └─────────────┘   └────────┘
                     │
                     ▼
              ┌──────────────┐
              │  Écologique   │
              └──────────────┘
```

Aujourd'hui, nous pouvons réintégrer notre intelligence, au sens étymologique du terme, et relier les différentes formes de la performance sans en exclure aucune. C'est dans leur rencontre que nous développons notre intelligence et par conséquent notre véritable performance. Il existe un lien entre la richesse économique et la joie de vivre. De concert, trouver des richesses est primordial et trouver de la joie est vital. Enfin, pour illustrer le schéma ci-dessus, disons que notre performance réside dans l'interaction et dans l'équilibre entre notre conscience existentielle et notre contribution sociale ; dans l'interaction et l'équilibre entre notre écologie émotionnelle et notre aptitude à générer de la richesse économique… C'est dans l'intégration de notre complexité, de notre pluralité que nous saurons trouver les solutions aux problèmes actuels.

LA PERFECTIBILITÉ POUR LA CROISSANCE

« La perfection est dans notre perfectibilité », remarquait l'écrivain et philosophe André Neher, dont les propos nous ouvrent des possibles

1. BOUGUÉNEC André, *Couple et alchimie*, Éditions Opéra/Grand Large, 1990.

sur le concept de perfection, trop souvent emprunt de rigidité et d'enfermement psychologique. Il est enfin envisageable de **mesurer notre perfection par notre aptitude à être perfectible et par notre capacité à nous ouvrir aux idées nouvelles, aux expériences novatrices et aux rencontres inattendues.**

Il y a deux manières de promouvoir notre performance :

– la première, la plus courante, se focalise sur les échecs, ce que l'on appelle habituellement les « essais-erreurs ». Nous agissons, nous produisons quelque chose et nous évaluons le résultat pour finalement adapter notre action jusqu'à obtenir le résultat souhaité. L'expression « il n'y a rien à dire » signifie que le travail effectué est impeccable, que tout se passe pour le mieux. Nous pouvons dire que nous n'avons pas le temps de nous éterniser sur les réussites et que c'est normal. Mais finalement nous nous rendons compte que **nous passons plus de 80 % de notre temps à vivre dans les problèmes et donc dans des états affectifs désagréables** comme l'attente, la frustration, le stress… Ce qui a pour conséquence d'augmenter le présentéisme, c'est-à-dire le fait d'être au travail sans y être en pensée, et l'absentéisme, les deux problèmes actuels de l'entreprise ;

– la seconde consiste à se concentrer sur les réussites, ce que l'on peut appeler aussi les « essais » en répondant à la série de questions suivantes : qu'avons-nous réussi ? Quelles sont les satisfactions que nous avons vécues pendant cette séquence de temps ? Comment célébrer telle réussite ? En y répondant, nous choisissons d'apprécier les expériences et de les mettre en valeur pour qu'elles aillent dans le sens souhaité des attitudes favorables à la confiance et à la motivation. De nombreux managers disent dans ce cas de leur équipe : « S'ils sont toujours satisfaits, ils finissent par ne rien faire. » Cela signifierait que nous avons des collaborateurs qui ne font pas ce qu'ils aiment. Et cela est en partie de notre responsabilité puisque nous les avons intégrés dans notre équipe…

MAINTENIR NOTRE ÉQUILIBRE ENTRE LES EXTRÊMES

Être à l'écoute ou s'exprimer ? Il semble plus judicieux de chercher un équilibre que d'avoir à choisir entre ces deux polarités. Lorsque nous visualisons les pôles « actif/réceptif » certains considèrent que l'action est essentielle et repose sur notre manière d'agir, de faire, de construire, d'avancer. Les maîtres mots sont persistance, détermination, efforts, agressivité, savoir-faire, action ou encore volonté.

D'autres considèrent que tout repose sur le fait de permettre que cela arrive, sur l'alignement, sur l'accueil des événements pour atteindre ses objectifs. Les maîtres mots sont ouverture, confiance, savoir-être, patience, écoute, acceptation.

Ce qui importe est de savoir à quel moment agir, intervenir, décider et à quel moment écouter, sentir, réfléchir, et le faire complètement.

Examinons les pôles « donner/recevoir ». « Recevoir » signifie recevoir de l'écoute, de l'attention, de la considération, de l'affection, mais aussi du temps, de l'argent, de la beauté. Notre culture nous incite à donner plus et à recevoir moins. Le problème est que nous ne pouvons donner que ce que nous avons reçu préalablement. Une personne équilibrée est une personne qui reçoit et donne de façon équilibrée et régulière. Par exemple, donner son temps, son argent, son énergie, sa compétence, son amour selon sa personnalité, sa situation professionnelle ou sociale. Donner et recevoir sont inextricablement liés. Nous avons autant besoin de donner que de recevoir, une relation n'est durable que si chacun donne et reçoit.

Dans la performance, il y a l'économique et l'humain, le résultat et le fonctionnement, la structure et le processus, et tenter de les séparer mène tôt ou tard à une impasse.

Pratique du coach

Lors d'une formation en systémique, nous avons proposé un exercice qui consistait à interroger des sous-groupes sur la question de savoir s'il faut avoir ou non des projets, et s'il faut porter ou non des jugements pendant un accompagnement. Chaque sous-groupe a débattu sur ces questions importantes et difficiles. Chacun a défendu son idée et l'intérêt a porté sur le contenu de l'échange, c'est-à-dire sur les questions posées, sur le processus d'échange et la manière d'être dans le sous-groupe. Pendant ce temps, deux autres sous-groupes ont observé les acteurs. L'expérience a montré qu'il n'est pas nécessaire de choisir, mais qu'il est préférable d'adapter la réponse au contexte de l'accompagnement. C'est à ce prix que l'on maintient l'équilibre optimal entre deux extrêmes.

Projet et jugement dans la relation coach-client

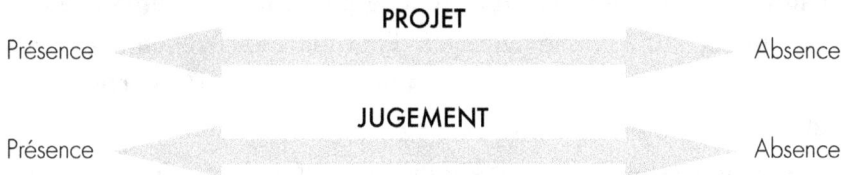

PROJET

Présence ◄──────────────────────────────► Absence

JUGEMENT

Présence ◄──────────────────────────────► Absence

Faut-il choisir entre la performance à court terme et la performance à long terme ou réfléchir à leurs interactions ?

La performance à court terme ? C'est gagner vite de l'argent, mais nous savons que cela ne suffit pas. Nous avons oublié que gagner de l'argent est un moyen au service d'une finalité. Il ne s'agit pas de dire que l'argent est bon ou mauvais. Il s'agit de dire comment utiliser notre argent au service de nos aspirations. La performance à long terme ? L'employabilité et la carrière sont légitimes, mais ne doivent pas nous empêcher d'être présents à nous-mêmes, de vérifier nos sentiments en cours d'activité.

Patrick ne trouvait pas de travail alors qu'il était très performant dans sa fonction. Il cherchait constamment des opportunités de carrière sans jamais se poser la question de savoir ce qu'il aimait dans son métier et comment se rapprocher de sa singularité, ce qui était le plus important pour lui. Dans son cas, se diriger exclusivement vers des opportunités de carrière ne suffisait donc pas pour se réaliser.

LES TROIS CONDITIONS DE LA PERFECTIBILITÉ

Être perfectible c'est :

1. **être réceptif** : observer les personnes, les situations et les circonstances quotidiennes et les utiliser pour évoluer. Être et rester

perfectible consiste ici à identifier les attitudes, les comportements et les savoir-être des coéquipiers et des managers comme une source permanente d'inspiration pour les progrès vers lesquels on peut les orienter ;

2. **connaître nos intentions** : accepter les erreurs comme des sources de progrès pour mieux préciser nos intentions et agir de manière alignée par rapport à nos désirs. Plutôt que de trouver un bouc émissaire et lui faire payer nos erreurs et nos difficultés, nous prenons notre responsabilité et nous identifions l'erreur depuis son origine. Ensuite, nous identifions les comportements de substitution pour utiliser chaque défaillance. Et si l'on se pose de bonnes questions, on peut se demander comment nous aurions pu faire pour éviter ces erreurs, quel comportement aurait convenu et comment ce dernier pouvait s'intégrer à notre manière d'être ;

3. **accueillir les coïncidences** : se laisser surprendre par les événements et les considérer comme des opportunités potentielles de progrès et d'évolution. Plutôt que de forcer l'éventualité, nous restons en observation quotidienne pour saisir les opportunités qui se présentent à nous.

Au cours d'une formation, le groupe revient du déjeuner avant le coach et lorsque ce dernier sonne pour entrer dans la salle, personne ne répond. Ils attendent cinq, dix, quinze minutes sans répondre. Le coach décide de saisir cette opportunité, d'utiliser les circonstances pour continuer la formation à l'extérieur. Le groupe debout forme un cercle et prolonge les exercices pendant plus d'une heure et demie intensive avant de rentrer. Quelques semaines plus tard, plusieurs participants affirment que cela a constitué une des expériences les plus importantes et les plus riches du séminaire.

RÉUSSIR ET SE DÉVELOPPER SIMULTANÉMENT

Être performant signifie trouver son propre équilibre entre réussir et se développer au niveau de la personne, de l'équipe et de toute l'organisation. Réussir signifie avoir des revenus confortables, avoir une situation convenable, atteindre ses objectifs, réussir ses projets. Se développer signifie se réaliser dans son activité, assumer sa responsabilité dans son travail et sa vie, être heureux, serein, joyeux, autonome. Allons-nous à l'essentiel pour nous-mêmes ? pour notre équipe ? En quoi est-ce essentiel pour notre organisation ? Ces trois questions forment un socle commun. Nous proposons donc une série de questions qui illustrent notre manière d'intégrer notre intelligence émotionnelle dans notre performance au même titre que nous intégrons dans notre performance ses aspects technique, métier et cognitif.

POUR SOI : RESTER FOCALISÉ SUR SES INTENTIONS

La première manière d'évaluer notre performance est de garder à l'esprit notre aptitude à créer du sens dans notre activité, notre vie émotionnelle et nos compétences émotionnelles.

Au niveau du sens

Être focalisé sur les intentions, c'est aller vers l'essentiel et se familiariser avec les questions suivantes, en sachant qu'il nous faut équilibrer qualité d'être et manière de faire.

- Est-ce que j'aime ce que je fais ? Qu'est-ce que j'aime vraiment ?
- Est-ce que j'apprécie mes relations professionnelles et personnelles ?
- Qu'est-ce que j'aime dans mes relations ?
- Qu'est-ce qui est essentiel aujourd'hui pour moi ?
- Qu'est-ce que je veux être et comment vais-je faire pour y parvenir ?
- Comment puis-je m'en rapprocher ?
- Quel est maintenant mon niveau de motivation?
- Comment est-ce que je fais quand je suis démotivé ?
- Puis-je répondre spontanément à la question : qui suis-je ?
- Qu'est-ce qui me motive dans la vie ?
- Est-ce que je prends des risques pour réaliser mon rêve dans ma vie ?
- Est-ce que je progresse plutôt par la crainte ou plutôt par le désir ?
- Y a-t-il des moments où je m'ennuie ? Qu'est-ce que je fais dans ces cas-là ?

- M'arrive-t-il de penser que c'est à cause de l'autre que je m'ennuie ?

- En quoi suis-je créateur de ma vie, de ma croissance ?

- Comment est-ce que je fais pour faire ce que j'aime dans la vie, dans mon travail, dans mes relations ? Comment est-ce que je fais pour faire en sorte que ceux que j'aime fassent librement de même ?

Au niveau des émotions

- Est-ce que je prends en compte mes émotions et celles des autres ?

- Est-ce que j'exprime mes émotions ? Quand et comment ?

- En quoi ai-je choisi mes émotions aujourd'hui ? Quelles difficultés ai-je rencontrées ? Que s'est-il passé concrètement ?

Au niveau des compétences

- Suis-je présent à mes émotions, mes sentiments, mes humeurs ?

- Est-ce que je me pose régulièrement la question : comment est-ce que je me sens ?

- Suis-je à l'aise pour donner des signes d'attention ou d'affection ?

- Est-ce que je donne souvent des signes de reconnaissance à moi-même, à mes collaborateurs et aux autres ?

- Est-ce que je progresse dans l'affirmation de mon point de vue face à des personnes importantes pour moi ? dans un groupe de travail ?

- Est-ce que je transforme mes émotions désagréables en émotions agréables ? Combien de fois l'ai-je fait cette semaine ?

- À chaque séquence de la journée, ai-je une intention claire ? Ai-je pris le temps de préciser mon intention avant une séquence importante de la journée ?

- Comment suis-je entré en relation avec telle nouvelle personne ou nouveau groupe ? Ai-je équilibré mon temps de parole et mon temps d'écoute ?

- Ai-je reconnu, spontanément ou en décalé, mes erreurs émotion- nelles vis-à-vis de mes coéquipiers ou de mes clients ?
- Est-ce que je me sens responsable de ma vie, de mon évolution ?
- Est-ce que je considère ma perméabilité émotionnelle comme étant de ma responsabilité ?
- Comment ai-je optimisé une situation délicate ou difficile cette semaine ?
- Ai-je donné du sens aux événements graves de ma vie, de mon activité professionnelle ? Ai-je su traduire cet événement en projet ou valeur personnel ?
- Ai-je augmenté l'autonomie d'une personne ou d'un groupe aujourd'hui ? Comment ai-je fait ? Ai-je vérifié que la personne était volontaire ?

POUR L'ÉQUIPE : ALIGNER L'ACTION ET LES VALEURS ET OBJECTIFS PARTAGÉS

Chaque responsable d'équipe, manager ou *teambuilder* pose la pro- blématique d'un alignement des valeurs, des objectifs individuels des acteurs internes et externes de l'équipe avec ses résultats. La double performance de l'équipe s'organise autour de cycles d'entre- tiens et de réunions.

Les entretiens portent sur les résultats et sur les processus de fonc- tionnement, sur les chiffres et sur la communication, sur les objectifs et sur les relations. Il peut y avoir deux types d'entretiens : le premier, orienté sur le faire, sur l'opérationnel ; le second orienté sur le vécu, l'émotionnel, la manière d'être.

De même, les réunions sont de deux types : les premières sont opérationnelles, cognitives, métier, techniques ; les secondes per- mettent de réguler, de s'ajuster, de partager son vécu, d'exprimer son sentiment. Aussi, est-il possible de séparer les deux types de réunions. Cela permet d'être clair sur leurs contenus, ce qui est plus facile pour le manager qui ne fait pas encore clairement la différence entre le cognitif et l'émotionnel, entre les aspects métier et les aspects affectifs et relationnels. Mais l'animateur peut aussi intégrer les deux aspects dans une même réunion et gérer en même temps les aspects techniques et communicationnels.

Pendant la formation de coaching, nous abordons aussi les aspects cognitifs, techniques, métier et les aspects ontologiques et affectifs. **Le coach mesure sa performance en faisant en sorte que, chez les managers, les compétences émotionnelles passent de deux tiers à quatre cinquièmes et les compétences métier d'un tiers à un cinquième.** C'est-à-dire que l'on ne dépasse pas 20 % du temps et de l'énergie sur les aspects cognitifs, méthode, outils, techniques, et que l'on passe un minimum de 80 % sur les aspects affectifs, communicationnels, relationnels et ontologiques.

Ajuster les compétences cognitives et émotionnelles

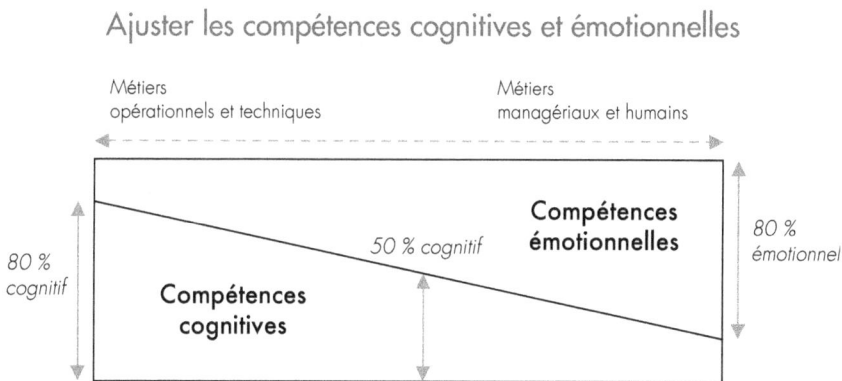

Au niveau du sens

- Quel est le niveau de motivation de l'équipe ?
- Comment le manager ou l'animateur remotive-t-il les membres de l'équipe ou du groupe ?
- Sait-il ce qui motive son équipe ?
- Est-ce que l'équipe progresse plutôt par la crainte ou par le désir ?
- En quoi l'équipe a-t-elle un potentiel créatif, de questionnement, de confrontation ?

Au niveau des émotions

- Quelles sont la perception et la compréhension de mes émotions dans l'équipe ?
- Nos émotions sont-elles partagées entre collaborateurs ? à différents niveaux hiérarchiques ? avec les partenaires extérieurs ?
- Y a-t-il une place pour la relation empathique entre nous ?

Au niveau des compétences

- Quels sont les signes d'attention ou d'affection qui sont échangés ?
- Est-ce que l'animateur donne souvent des signes de reconnaissance aux participants ?
- Est-ce que chacun s'affirme et peut exprimer son point de vue avec des risques limités ?
- Est-ce qu'en général les intentions de l'animateur ou du manager sont claires ? Prend-il le temps de préciser ses intentions avant une étape importante ?
- Les temps de parole et d'écoute sont-ils équilibrés chez chacun et entre chacun ?
- Les erreurs sont-elles reconnues spontanément entre coéquipiers ou avec les clients ?
- Est-ce que chacun se montre responsable de ses décisions et actions ?
- Les expériences douloureuses sont-elles suffisamment régulées ou, mieux, anticipées ?
- Quel est le degré d'autonomie des membres de l'équipe et de l'ensemble ?

POUR L'ORGANISATION : RELIER LA VISION ET LES VALEURS PARTAGÉES À L'ACTION

Relier la vision et les valeurs partagées à l'action est ici notre principale préoccupation. En tant que responsable d'entreprise, le dirigeant ou le coach d'entreprise doit impérativement prendre en compte la double performance ou double contrainte – résultat et développement – pour garantir la pérennité de l'entreprise. **Les réunions orientées sur la vision intègrent les aspects stratégiques et la régulation des relations interdépartements ou plus généralement interentités.** La performance est mesurée à partir des qualités émotionnelles, relationnelles, créatives et systémiques. Le leadership s'appuie sur des qualités émotionnelles, relationnelles et éthiques alors que l'entrepreneur s'appuie sur ses qualités créatives, intuitives et de visionnaire. L'intuition et la vision systémique sont aussi importantes pour le leader que pour l'entrepreneur.

Le leadership est souvent employé au niveau de l'entreprise, mais il est aussi intéressant de le voir comme une qualité intrapersonnelle et de mesurer le leadership des cadres vis-à-vis d'eux-mêmes : en quoi est-ce que nous dirigeons notre vie ? En quoi est-ce que nous avons envie de suivre nos propres idées, opinions, convictions, pensées ? En quoi sommes-nous prêts à prendre des risques pour assumer nos idées, nos décisions ou nos choix ?

De même, l'entrepreneurship, assez proche du leadership, peut aussi concerner notre relation avec nous-mêmes : en quoi sommes-nous créateurs dans notre travail, dans notre vie ? En quoi sommes-nous à l'origine de nos actions et de nos décisions ? Est-ce que nous prendrions les mêmes décisions si notre environnement s'y opposait ?

La performance au niveau de l'organisation se mesure-t-elle à partir de sa cohésion identitaire interne et vis-à-vis des clients, des fournisseurs externes ? Quelles sont les actions en cohérence avec les valeurs affichées, avec les intentions en termes d'éthique, de durabilité ou sociétales ?

Au niveau de la vision de l'organisation

- Pour le dirigeant, quel est le degré de créativité et d'inventivité des membres du comité de direction ?
- Existe-t-il des processus d'auto-éco-re-développement ? Chaque niveau en est-il responsable ?

- Les valeurs, la stratégie, les politiques, les missions sont-elles partagées ? Et jusqu'où ?
- Quels sont les indicateurs sociaux, absentéisme, présentéisme, accidents et turn-over par rapport à la moyenne ?
- Quel est le niveau de motivation de l'entreprise ?
- Les valeurs rétroagissent-elles sur le fonctionnement de l'entreprise ? Comment ? Qui en est responsable ?
- Comment le dirigeant s'y prend-il pour motiver les membres de son équipe ou les acteurs extérieurs (actionnaires, banquier, syndicats…) ?
- Est-ce que l'équipe progresse plutôt par la crainte ou par le désir ?
- En quoi l'équipe a-t-elle un potentiel créatif, de questionnement, de confrontation ?
- Quel est le degré de fierté d'appartenance ? Pourquoi ?

Au niveau de la vie émotionnelle

- Quelle est la perception et la compréhension des processus émotionnels dans l'organisation ?
- Les intentions, émotions, besoins sont-ils partagés entre dirigeants ? Avec les autres niveaux hiérarchiques ? Avec les partenaires extérieurs ?
- Y a-t-il une place pour la relation empathique dans les comités de direction ?

Au niveau des compétences managériales

- Les tableaux de bord reflètent-ils non seulement les aspects financiers et stratégiques, mais aussi émotionnels, relationnels et sociaux ?
- Quels sont les signes de reconnaissance qui sont échangés dans les réunions et en dehors ?
- Est-ce que chacun s'affirme en acceptant les risques inhérents à sa fonction ?

- Les points de vue sont-ils exprimés en prenant vraiment en compte les avis manifestés ?
- Les temps de parole et d'écoute sont-ils équilibrés pour chacun et entre chaque participant ?
- Les erreurs sont-elles reconnues spontanément entre coéquipiers ou avec les clients ?
- Les formations prennent-elles en compte les compétences émotionnelles et les compétences métier ?
- Existe-t-il des systèmes de développement individuel (coaching, mentoring...), en binôme (groupes de pairs), en groupes transversaux (métier, qualité, régulation) ?
- Les expériences douloureuses sont-elles assimilées ? Par qui ? Comment ?

■ PRÉVENTION, ÉVALUATION ET VALORISATION

PRÉVENIR LES DIFFICULTÉS ÉMOTIONNELLES

Prévenir les difficultés émotionnelles signifie anticiper sur les émotions douloureuses comme la peur, la colère ou la tristesse. On sait que le but n'est pas de retenir ou de freiner une émotion, ce qui reviendrait à agir sur la conséquence au lieu de prendre conscience de l'origine de l'émotion. Toutes nos émotions sont présentes pour communiquer quelque chose sur nous afin de nous aider à maintenir notre équilibre intérieur. Le degré d'une émotion varie selon l'importance du message de celle-ci et une échelle de 1 à 5 suffit à en mesurer l'intensité. La compétence – ici savoir prévenir une difficulté émotionnelle – s'acquiert par l'entraînement. Comme un sportif qui prépare une compétition, nous avons besoin de répéter inlassablement une attitude. **Pour prévenir des émotions douloureuses, la meilleure façon est de nous entraîner quotidiennement à les observer,** d'une part, pour que l'émotion n'ait plus de raison d'être du fait d'avoir été prise en compte et, d'autre part, afin que le jour où l'émotion douloureuse arrive, nous ayons les moyens de l'accueillir

de manière efficiente. Au départ, il est plus facile de noter nos observations sur notre carnet de bord. Ensuite, nous pouvons le faire
oralement, en dialogue intérieur ou à haute voix. Le plus simple est
de noter, le plus tôt possible, l'émotion, le déclencheur externe et les
images internes. Ce qui nous permet d'identifier la ou les émotions
que nous vivons dès notre réveil avec plaisir, c'est-à-dire sans nous
forcer, en pratiquant cet exercice comme un jeu de découverte et
d'exploration de notre vie intérieure. Nous décrirons précisément
le contexte, la situation, la ou les personnes, en séparant les faits
des interprétations. Et, enfin, nous prenons conscience des images,
pensées, croyances, paroles intérieures qui sont à l'origine de
l'émotion.

Cette pratique dépasse l'exercice puisqu'elle fait partie d'une
manière d'être, d'une façon de vivre. Cette posture de vie nourrit le
sens de notre activité et nous permet d'anticiper, de prévenir ou
d'accueillir l'apparition d'une bonne partie des émotions douloureuses. Une émotion, avant d'être douloureuse, commence par être
seulement gênante. Plus nous sommes conscients de nos émotions,
mieux nous pouvons les anticiper.

L'émotion et son degré de prise en compte :
l'exemple de la colère

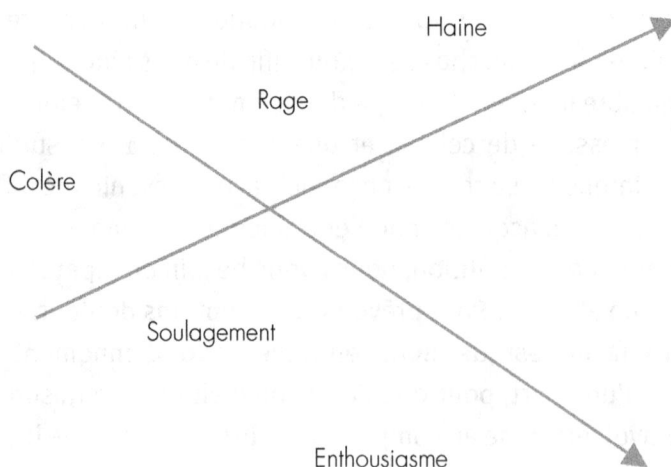

Haine

Rage

Colère

Soulagement

Enthousiasme

Pratique du coach

Si nous bloquons systématiquement notre colère celle-ci peut se transformer en rage, qui à son tour peut se transformer en haine. De même chaque émotion passe d'un état naturel et inoffensif à un état dangereux pour nous-mêmes ou notre interlocuteur. À l'inverse, lorsque nous exprimons spontanément nos émotions comme la colère, celle-ci n'est pas dangereuse car elle est adaptée, maîtrisée et reste fonctionnelle.

Nous voyons ainsi que **la meilleure prévention des difficultés est de réapprendre à écouter nos sensations physiques, nos émotions, nos pensées et nos intuitions**. Jung disait qu'un enfant à la naissance commence à identifier ses sensations, puis utilise ses émotions, puis prend conscience qu'il pense et enfin se sert de son intuition.

Au niveau de l'équipe, il est à présent avéré que le manager joue un rôle essentiel dans la prévention des difficultés émotionnelles. Pour l'animateur, faire un « break » dans une réunion pour laisser un participant exprimer ses émotions demande de l'entraînement. Et cela commence par savoir écouter ses propres émotions. Pour accompagner les participants qui s'expriment, il doit ensuite savoir faire la différence entre exprimer ses émotions et porter des jugements de valeur, menacer ou dévaloriser. L'émotion exprime le vécu intérieur alors que le jugement est focalisé sur l'autre et empêche du même coup la responsabilisation de celui qui porte le jugement face à ses émotions. Si le manager sait gérer ses émotions, le premier bénéfice est que personne ne se sente jugé et que chacun puisse partager ses points de vue. Le second, c'est la confiance renforcée entre les membres de l'équipe.

Dans le processus de cohésion d'équipe, la première étape consiste à identifier la place de chacun, puis à faire en sorte qu'elle soit acceptée et reconnue. Avoir sa place signifie pouvoir se découvrir et s'exprimer librement. Au niveau de l'entreprise, les bénéfices sont la réduction de la violence, du harcèlement, du stress, qui coûtent très cher à l'organisation et qui réduisent son efficacité. Cela consiste aussi à prendre en compte les émotions dans les entretiens, dans les

entretiens annuels d'évaluation et dans les réunions opérationnelles, ou sous forme de réunions de régulation.

ÉVALUER LES PERFORMANCES ÉMOTIONNELLES

Aujourd'hui, les évaluations portent essentiellement sur les résultats financiers, car, d'une part, nous avons une panoplie d'outils qui
nous permettent de les évaluer et, d'autre part, nous avons l'habitude de le faire. Évaluer les performances émotionnelles signifie
enrichir nos tableaux de bord avec les données émotionnelles.

Pour cela, il est nécessaire de commencer à apprendre à chacun
comment s'autoévaluer, à prendre l'habitude d'observer ses émotions, ses compétences émotionnelles et son aptitude à créer du sens
– individuel et collectif – dans son activité sans juger les personnes.
Les évaluations peuvent se réaliser à deux niveaux :

– individuellement, en continu, en début ou en fin de journée de
   travail – c'est ce qu'on pourrait appeler le temps de régulation
   personnel. C'est de loin le plus efficace, car il développe l'autonomie et il est effectué continuellement. Il fait partie de la boucle
   de rétroaction avec la préparation par la visualisation, la réalisation par l'action et le contrôle par l'évaluation ;

Évaluation et processus de progrès

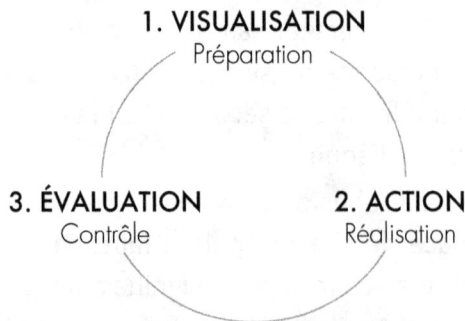

1. VISUALISATION
Préparation

3. ÉVALUATION
Contrôle

2. ACTION
Réalisation

– collectivement, par les réunions et entretiens de régulation, ce
   qui permet d'avoir un regard extérieur, même s'il est subjectif. Il

permet de partager des points de vue sur le sujet, d'exprimer son vécu, d'être précis et factuel dans ses retours – vu, entendu, et ressenti. Ainsi, les collaborateurs sont capables d'utiliser leurs compétences de manière efficace dans des situations nouvelles et originales. Cela leur offre aussi la possibilité de s'expliquer de manières à la fois cognitive et émotionnelle ; de trouver des exemples pour illustrer leurs propos ; de généraliser avec des cibles différentes ; de faire des analogies avec d'autres champs d'expérience ; d'appliquer leurs compétences dans un projet, une recherche ou un problème.

Les évaluations permettent aussi aux collaborateurs de vérifier ce qu'ils ont acquis lors d'expériences concrètes – préparer une interview ; créer un projet collectif ; faire un exposé sur le sujet ; préparer une expérience ; lancer et diriger un débat pour former quelqu'un d'autre.

Pratique du coach

Lors des séminaires, les participants sont invités à questionner leurs propres compétences émotionnelles, à les partager et à définir des plans d'action pour les intégrer dans le plus grand nombre de situations possible de façon à intégrer progressivement, naturellement et définitivement chacune d'elles. Ces exercices demandent quelques efforts au départ, mais deviennent de plus en plus faciles à réaliser au fur et à mesure des pratiques. Les postures correspondant à chaque compétence sont observées, visualisées et appliquées en boucle.

VALORISER LES PERSONNES ET LES ÉQUIPES

À n'importe quel moment, ne pas manquer une occasion de valoriser la personne sans la juger. Valoriser devient un acte quotidien pour le manager et ses collaborateurs. **C'est actuellement l'un des moyens de développement et de motivation les plus moteurs.** Chacun de nous a besoin de reconnaissance, d'attention et d'affection, même si nous n'osons pas tous les demander ni le reconnaître. Les signes de reconnaissance sont malheureusement dispensés avec beaucoup de parcimonie dans notre culture, contrairement aux pays anglo-saxons et particulièrement aux États-Unis. Dans ce pays, les étudiants sont systématiquement valorisés dès qu'ils accomplissent un progrès ou un effort. Avant de valoriser les autres, il est préférable d'essayer sur soi-même. Chaque fois que nous allons réussir quelque chose, pensons à nous donner un signe de reconnaissance proportionnel au niveau d'importance de l'action.

Pratique du coach

Dès à présent, listons les réussites de la journée et notons nos émotions correspondantes. Prenons conscience de ce qui se passe en nous et de nos réactions face à cette nouvelle posture. Il est probable que quelques résistances apparaissent, c'est normal. Identifions la gêne ou l'émotion de malaise et continuons jusqu'à ce que ce soit naturel. Ensuite, faisons-le avec nos clients, nos collaborateurs et nos coéquipiers. N'oublions pas de le faire avec nos amis, éventuellement en famille et même avec nos enfants ! C'est un exercice à faire pendant trente jours avant une vérification de notre état... À l'évidence, nous aurons la surprise d'entendre de plus en plus de gens nous faire des compliments, reconnaître nos actions, nous estimer si nous l'avons fait sincèrement nous-mêmes. Faisons-le sans fausse modestie ni prétention, n'ayant pas à nous juger intelligents, beaux ou riches. Nous avons à nous apprécier à notre juste valeur à travers ce que nous avons été ou fait.

Performance et coaching

Le coaching c'est...

- un outil qui repositionne l'individu dans sa dimension ontologique, c'est-à-dire qu'il apprend à être avant de faire ;
- un accélérateur de résolution des problèmes complexes, pour l'individu, l'équipe ou l'organisation ;
- un repositionnement du questionnement et l'écoute en tant que moteur de développement et de réussite. Le fait de considérer l'individu comme autonome, capable de trouver en lui les réponses à ses difficultés ;
- une réponse à un besoin actuel, un besoin d'intégrer sa double dimension cognitive et émotionnelle ;

• • •

- - -

- une reconnaissance de l'interaction entre les compétences métier et les compétences émotionnelles dans la performance de l'entreprise et du manager ;
- un outil pour enrichir et approfondir la conscience de soi ;
- un moyen ponctuel d'accroître rapidement nos compétences émotionnelles : il permet d'apprendre à entretenir une position et des relations en parité dans son encadrement ;
- un moyen de faire communiquer des cadres de références différents et de sortir de la pensée unique dans l'entreprise :
  - le coaching est créateur de liberté, de responsabilité et d'autonomie et en même temps un ralentisseur de conditionnement, de culpabilité et de dépendance,
- il montre que tout rationaliser peut freiner l'évolution et la créativité nécessaire des responsables et de leur entreprise,
  - il permet d'investir notre véritable dimension, c'est-à-dire une part non négligeable des 99 % du potentiel reconnu par tous,
  - il apprend que nous pouvons appréhender nos émotions comme source d'espoir et d'épanouissement,
  - il incite à nous orienter à partir de nos désirs plutôt que nos obligations, à partir de nos choix plutôt que de nos devoirs, à être acteur plutôt que suiveur.

Synthèse

- L'intelligence technologique sans l'intelligence ontologique conduit pour le moins à une impasse et au pire à la destruction des ressources vitales.
- Il est donc essentiel de nous réapproprier notre performance, notre rythme de travail.
- Il est primordial de nous appuyer sur les signaux émotionnels et motivationnels au risque de générer des résistances.
- Le manager de demain pourra être performant et épanoui. Il saura dire non, même si tous les autres disent oui.
- Le manager utilisera sa peur au lieu de la subir, il n'aura plus peur d'avoir peur.
- Sa performance sera le résultat de son auto-exo-ré-évaluation.

Questions/Réponses individuelles

La performance n'est-elle pas contradictoire avec la notion d'être ?

La performance est à l'action ce que la qualité d'être est à la posture. Il n'y a pas de contradiction : nous avons besoin de faire, mais nos actions doivent être orientées, dirigées, consécutives à notre qualité d'être et non l'inverse. L'action sans être centrée sur soi peut être une énorme perte d'énergie et de temps. Les personnes qui travaillent dans un domaine qui ne leur correspond pas en sont un exemple. Un manager qui prend une décision à contrecœur n'est pas centré sur lui et devrait y réfléchir.

Peut-on se développer sans être performant ?

Non, si nous utilisons le sens étymologique de « performance », c'est-à-dire « accomplir ». En effet, si un résultat peut ne pas être visible pendant un certain temps, cela ne signifie pas pour autant qu'il n'y a pas d'accomplissement. Un manager qui s'accomplit dans son métier aura nécessairement plus de résultats qu'une personne qui n'aura pas pris le temps de vérifier l'adéquation entre sa vocation et son activité.

Peut-on être performant sans se développer ?

Oui, il est possible d'être performant au sens de résultat financier pour l'entreprise, du moins à court terme, et dans une dépense d'énergie, de stress, de tension plus importante que dans le cas contraire. Quel sens a le fait d'avoir des résultats en épuisant son capital humain à moyen terme, sans compter les conséquences sur le plaisir de travailler, de communiquer, de partager, de se réaliser, de créer de la confiance ?

L'expression « Prévenir vaut mieux que guérir » est-elle applicable en intelligence émotionnelle ?

Dans la majorité des cas, nous avançons dans la contrainte, dans la crainte. Notre moteur actuel est d'éviter le problème, la difficulté, au lieu d'avancer par motivation, par choix personnel orienté sur notre vision personnelle ou professionnelle. En raison de cela, la prévention passe souvent au second plan alors que de nombreuses difficultés pourraient être évitées comme une perte d'énergie et de temps inutile.

Comment savoir si je dépasse mon propre rythme et si je dois impérativement ralentir ?

Contrairement à une croyance partagée, il n'est pas nécessaire de vivre des émotions douloureuses. Combien d'émotions sont ignorées, cachées, évitées par inconscience et par manque de savoir-faire ? Comme nous l'avons dit, si elle n'est pas entendue et prise en compte, même une émotion de faible intensité s'amplifiera inévitablement et sera à l'origine de problèmes. Donc, chaque émotion désagréable – peur, colère, stress, tristesse... – peut être considérée comme un signal à prendre en compte pour questionner son rythme de travail ou la situation de travail en général.

Comment trouver l'équilibre optimal entre résultat et développement ?

Pour nous rapprocher de cet équilibre, il nous faut nous poser constamment la question : comment est-ce que je me sens dans ce que je fais ? Si nous ne l'avons pas fait pendant l'action, il faut le faire après. Le mieux étant de le faire avant, pendant et après, et de garder cette présence continuellement.

Questions/Réponses entreprises

Comment prévenir les risques émotionnels dans l'entreprise ?

Les entreprises vivent, depuis une douzaine d'années, des problèmes de stress, de harcèlement et plus récemment de suicide car elles ne savent pas comment les anticiper. Pourquoi ne pas développer les compétences émotionnelles des responsables ?

Le responsable du développement humain doit-il s'intéresser à l'écologie émotionnelle dans l'entreprise ?

Ce terme nous indique qu'il est possible, par des actions simples, de maintenir l'entreprise en bonne santé affective. Pour cela, elle a besoin d'apprendre à travailler en prenant en compte ses émotions. Pour mener ce type de projet, le responsable RH est bien placé, surtout s'il peut s'appuyer sur le directeur général et les managers de proximité.

Comment contribue-t-il à la performance de l'entreprise ?

En maintenant un niveau de qualité relationnelle entre les salariés et notamment entre les cadres. Parmi eux, nous trouvons en premier lieu les directeurs et les managers.

Questions d'entraînement

*En quoi êtes-vous perfectible dans votre vie ? dans votre travail ?
dans vos relations ? dans vos compétences émotionnelles ?*

....
....
....
....
....
....

*Que faites-vous quand vous êtes stressé (exigences au-dessus
de vos ressources) au travail ?*

....
....
....
....
....
....

*Comment réagissez-vous face à un compliment sincère venant
d'une personne importante pour vous ?*

....
....
....
....
....
....

Comment procédez-vous avant de réaliser une action importante ?

....
....
....
....
....
....

Exercice d'illustration

Évaluez votre degré de conscience émotionnelle :

Pendant une semaine, vous allez remplir votre carnet de bord à chaque émotion vécue en associant à l'expérience trois informations :
– **l'émotion** vécue (joie, peine, colère, sérénité, amour, peur…) ;
– **la durée** pendant laquelle vous avez vécu l'émotion ;
– **l'intensité** de l'émotion vécue (progression de 1 à 5).

Exemple : joie, 2 heures, 4

Expérience	Émotion	Intensité	Durée
Partage d'un conflit avec un ami	Soulagement	5	2 heures
Telle personne prend mon espace	Colère	2	5 minutes

Chapitre 6

Être un acteur

© Groupe Eyrolles

Objectifs

- Comprendre que chacun est libre et que notre liberté ne dépend pas des autres.
- Identifier les trois défis à entreprendre pour nous réaliser.
- Mesurer l'importance d'être conscient pendant l'expérience.
- Nous « actualiser » pour mener une vie équilibrée et épanouie.
- Décoder les situations émotionnelles qui caractérisent les trois cycles de notre vie.

« Notre plus grande gloire n'est pas de ne jamais tomber, mais de nous relever à chaque fois. »
Confucius

■ OSER FAIRE TOMBER LES MURS

QU'EST-CE QU'UN MUR ?

Il y a ce qui relie et ce qui sépare. Un mur sépare comme un pont relie.

La question ici n'est pas de faire vraiment tomber les murs, mais de **mettre les conditions qui font que nous n'avons plus besoin de mettre des murs pour nous protéger, pour nous sécuriser.** Voyons quels sont les murs qui font obstacle à notre développement émotionnel.

Le mur de l'ignorance est un enjeu très important pour soi. C'est ne pas accepter de voir que notre potentiel peut nous emmener bien plus loin que nous ne savons le faire aujourd'hui. Comme nous l'avons vu, il est important d'être conscients que nous ignorons plus de choses que nous n'en connaissons. Savoir cela nous ouvre des portes, nous met dans une posture réceptive. Quand nous nous apercevons que nous ne voyons que ce que nous connaissons, nous pouvons imaginer ce que nous pourrions voir si nous identifions et élargissions nos cadres de références personnels, familiaux, professionnels, socioculturels. **Aborder notre ignorance est une clé qui nous permet d'avoir moins peur de l'inconnu, de la différence, de l'altérité, du vide, du silence...**

Ignorer que nous avons peur de l'ignorance nous y enferme, nous empêche de côtoyer les modes de pensée différents sans les juger, les condamner ou vouloir les supprimer.

Ignorer notre expérience intérieure nous empêche d'évoluer, de nous comprendre et de comprendre les autres, de prendre des décisions adaptées à nos besoins, d'écouter attentivement l'autre, nos partenaires, nos collaborateurs, notre environnement.

Ignorer nos émotions, nos compétences émotionnelles, notre vision nous condamne à subir les événements, à subir les autres, à refaire indéfiniment les mêmes erreurs.

Lors d'un comité de direction associatif, un ancien président disait une chose étonnante : « Il y a vingt ans, nous nous posions les mêmes questions. Ces questions reviennent et personne ne se demande comment éviter de recommencer les mêmes erreurs, répondre aux mêmes questions. Pourquoi ? Parce que nous agissons sur les symptômes et pas sur l'origine des erreurs, nous répondons au coup par coup au lieu de nous demander comment éviter de reproduire ces erreurs, comment prendre conscience des racines du problème. »

Prendre du recul grâce à nos émotions, à notre conscience profonde, à la construction continue de notre « sens » nous permet d'agir sur la racine des problèmes plutôt que sur ses effets et évite ainsi de les revivre.

Ignorer que vouloir changer l'autre est à l'origine des différentes formes de violence telles que le harcèlement, la condamnation, la dévalorisation, le jugement de valeur, l'exclusion, le mépris... nous conduit à adopter ce type de comportement. Comprendre que chacun a une histoire, une éducation, un cadre de références différents et que ses différences ont leurs avantages et leurs inconvénients permet au contraire de s'enrichir mutuellement. Il est possible et même préférable de faire respecter les lois sans porter de jugement de valeur sur les personnes, de faire respecter les règles sociales sans punition. La recherche de la réparation est bien plus efficace et moins coûteuse.

Ignorer que notre dimension humaine accélère notre progression nous enferme dans des dépenses de temps et d'énergie, sans répondre efficacement aux problèmes rencontrés. Les moyens technologiques ne sont-ils pas au service des hommes ? Comment en est-on arrivé à considérer l'humanisme comme secondaire, pire, comme une faiblesse ?

Se comporter en être humain, c'est canaliser cette merveilleuse « machine » à potentiel quasi illimité pour lui faire faire des choses au service de son propre développement, de son propre épanouissement. Appréhender le système dans toute sa complexité nous permet, grâce à la complexité, de franchir un cap vers l'intégration de nouvelles informations qui, jusqu'alors, demeuraient pour nous dans le domaine de l'incompréhension.

Qui contrôle cette gigantesque machine sociale, économique, politique ? Comment la contrôler ou, mieux, l'orienter dans une direction choisie, réfléchie ?

Diriger une organisation commence par apprendre à diriger sa propre vie, sa propre carrière, sa propre vision. Pour cela, un manager a besoin de savoir comment il pense, comment il ressent et comment ces deux processus cohabitent, dialoguent, s'harmonisent... Un esprit sain dans un corps sain. Il a besoin d'aller au-delà de l'aspect mécanique du fonctionnement de son équipe, des aspects uniquement rationnels et cognitifs pour prendre en compte ses ambitions, ses désirs, ses émotions, ses valeurs, ses aspirations.

Pour cela, un manager a besoin de savoir comment
il pense, comment il ressent et comment ces deux
processus cohabitent, dialoguent, s'harmonisent…
Un esprit sain dans un corps sain.

Dans une entreprise du domaine de la sécurité, un nouveau manager est embauché et rencontre un problème très ennuyeux dans sa vie privée. Le directeur lui laisse sa propre voiture pour le dépanner. À partir de ce jour, un grand respect s'installe entre les deux hommes. Cet exemple montre qu'il est possible de sortir du cadre pour accompagner l'autre.

Pratique du coach

Achetez des livres sur des sujets nouveaux, écoutez des musiques différentes, allez visiter des lieux nouveaux, voyez des pièces de théâtre originales, habillez-vous avec de nouvelles marques. Soyez direct si vous êtes habituellement diplomate, souriez au lieu d'être indifférent aux nouvelles rencontres… En bref, faites de nouvelles choses, celles que vous avez toujours eu envie de faire sans jamais oser et observez ce qui se passe en vous.

DE LA LIBERTÉ INTÉRIEURE

Les murs intérieurs engendrent des murs interpersonnels, des murs interdépartementaux, des murs interentreprises, des murs interculturels…

Il nous faut donc faire tomber ces murs pour vivre librement nos relations personnelles, professionnelles et sociales. Être libre commence par explorer notre expérience intérieure et découvrir de nouvelles possibilités qui sortent des carcans, des étiquettes sur nous-mêmes… par la perception, la vision, l'ouïe et la sensation. Il est important d'accepter le dialogue, d'accepter d'être surpris, d'être réceptif autant que nous savons être expressifs, dans la certitude et le contrôle.

Si effectivement nous voyons le monde tel que nous sommes et non tel qu'il est, alors, pour le découvrir, il nous faut aussi apprendre à explorer notre vécu, nos pensées, nos émotions, nos sensations ; à les observer d'une manière pénétrante, non plus comme des objets inertes, mais comme une intelligence qui a quelque chose à nous apprendre. Ensuite, à faire le lien entre le dedans et le dehors, entre les murs intérieurs que sont nos propres limites, nos propres freins, nos conditionnements, et les murs extérieurs que représentent nos cultures, nos structures, nos organisations qui nous enferment autant qu'ils nous libèrent. Accepter de ne plus voir de manière cartésienne – c'est soit lui, soit moi – en ignorant les phénomènes de transfert, de projection, d'interaction, de rétroaction.

Être libre signifie donc accepter l'autre personne telle qu'elle est ; être emprisonné, c'est rejeter la différence de l'autre personne, de l'autre culture, y compris si cet autre nous rejette. Et c'est là la principale difficulté et un vrai défi, qui conditionne notre liberté intérieure et donc de notre liberté tout court.

Par ailleurs, être un manager performant, un manager responsable, un manager coach, c'est être philosophe, spirituel et psychologue en même temps. C'est explorer et rapprocher les découvertes scientifiques des réflexions philosophiques, les questionnements spirituels des questionnements techniques et métier. C'est comprendre les principes, les conditions, les règles qui régissent le développement des individus, des professionnels, de nos collaborateurs. C'est à partir de ces critères que nous pourrons reconnaître la prochaine génération de responsables.

L'homme : une intelligence entre le microcosme et le macrocosme

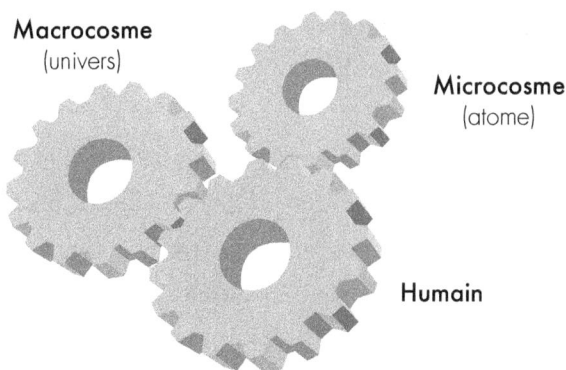

Macrocosme
(univers)

Microcosme
(atome)

Humain

Au quotidien, cela revient à écouter nos émotions dès qu'elles s'expriment et à les prendre en compte ; à écouter notre corps, que ce soit lors de temps de repos ou avant de repartir dans l'action ; à équilibrer nos pôles émetteur et récepteur ; à agir et penser, sentir et ressentir et à relier toutes ces facultés pour construire du sens. Du sens pour nous, pour nos clients, pour nos collaborateurs et pour nos partenaires… ce même sens qui relie l'intérieur et l'extérieur, le spirituel et le manager, le philosophe et le créateur, le personnel et le professionnel.

ÊTRE ACTEUR AU QUOTIDIEN

En tant qu'acteur, nous remarquons chez nous certaines attitudes.

Nous orientons nos actions à partir de nos émotions et, s'il n'y a pas de plaisir, nous laissons tomber jusqu'à un moment propice.

Nous prenons nos responsabilités plutôt que de chercher un coupable dans les actions sur lesquelles nous sommes impliqués.

Nous apprenons de toutes les réussites et de tous les échecs, en sachant que chacun est une opportunité de croissance, de développement et d'épanouissement.

Nous savons précisément où nous voulons aller et nous nous percevons comme y étant avant même d'y être.

Nous savons que ce que nous regardons chez l'autre, c'est nous-mêmes.

Nous savons que tout se déroule maintenant et ici, que le passé et le futur n'existent pas. Ils sont là simplement pour que nous puissions mieux vivre notre présent.

Nos émotions sont les informations clés pour réussir et nous réaliser. Nous les observons, les ressentons, les accueillons, les utilisons.

Nos émotions sont l'interface entre notre intelligence cognitive et notre intelligence corporelle, entre notre intuition et nos sensations.

Nous savons nous laisser surprendre par la vie et nous acceptons de naviguer dans des territoires inconnus tant que notre plaisir dépasse nos craintes. Sinon nous arrêtons et nous visualisons ce nouveau territoire pour savoir où nous en sommes.

Nous nous adressons au *prince* de chacun et nous ignorons le *crapaud* qui est en lui, ce qui nous intéresse, c'est le merveilleux en chacun.

Nous prenons chaque problème et nous l'interrogeons avec notre ressenti.

Nous restons concentrés sur ce que nous voulons et nous dépassons ce que nous ne voulons pas.

Nous sommes présents à ce que nous faisons sinon nous nous arrêtons.

Nous sommes reconnaissants vis-à-vis de ce que nous possédons déjà tout en nous rapprochant de nos désirs.

Nous accueillons les deux opposés dans notre manière d'être. Si, nous sommes créatifs, nous le sommes vraiment ; si nous sommes rationnels, nous le sommes vraiment aussi.

Nous acceptons nos limites pour mieux les voir et mieux les dépasser.

Nous pensons, communiquons et « actionnons » nos désirs.

Nous trouvons la vie en chacune de nos rencontres.

Nous parlons et écoutons vraiment, en évitant que l'un réduise l'autre.

Comment cela se passe au quotidien ?

* Quand je me lève le matin, je perçois mon environnement comme si je le voyais pour la première fois.
* Quand je me regarde, j'ose apprécier ce que je suis et qui je deviens.
* Quand je communique, je dis ce que je sens et je sens ce que je dis.
* Quand je réalise une action, je pars de ma qualité d'être.
* Quand j'écoute l'autre, je le fais avec mon corps, mon cœur et ma tête.

- Quand je me mets en relation, je communique avec la personne présente, pas avec son image.
- Quand je m'engage sur une action, je suis prêt à reconnaître promptement mes erreurs et mes succès.
- Quand je déroule ma journée, chaque expérience est connectée à ma vision, à mes valeurs, à mes désirs.
- Quand je traverse une crise, je la questionne jusqu'à trouver ce qu'elle m'apportera.
- Quand j'accompagne, je questionne, j'écoute et je confronte au lieu de répondre, de conseiller et d'ordonner.

Comment cela se passe au quotidien dans la vie professionnelle ?

- Quand j'arrive au travail, une grande joie s'exprime à travers mon sourire.
- Quand j'entre dans mes locaux, je donne plusieurs signes de reconnaissance et d'affection à ceux qui en ont besoin.
- Quand je m'installe à mon bureau, je vérifie ce que je ressens et revois ce que j'apprécie chez moi en tant que professionnel.
- Avant chaque séquence de ma journée, je vérifie mon intention et ce que je ressens.
- Au cours de chaque séquence, je m'efforce de partir de ma qualité d'être pour être centré sur moi.
- Quand je suis en réunion, j'écoute avec toute ma présence, tous mes récepteurs sensoriels.
- Quand je suis en entretien, mes échanges avec mon interlocuteur sont authentiques, profonds et ouverts.

■ RÉINVENTER CONTINUELLEMENT NOTRE VIE

Réinventer quotidiennement notre vie signifie assumer trois grands défis :

– d'abord celui **d'être libre**, de penser en prenant conscience de nos pensées et de notre manière spécifique de penser. Être libre d'avoir des émotions et être libre de les exprimer, quels que soient la forme de notre activité professionnelle et notre niveau de responsabilité ;

– ensuite, le défi **d'être différent**, c'est-à-dire assumer notre différence, en avoir conscience, l'accepter et oser la mettre en mots, l'exprimer, la partager. Cela passe par l'identification de nos émotions et de nos besoins, l'accueil et l'acceptation de notre parcours professionnel, la traversée des situations de crise en restant acteur, entrepreneur et leader de nous-mêmes. C'est aussi comprendre et intégrer le sens de notre histoire émotionnelle pour construire notre avenir ;

– enfin, au-delà du métier de coach, le défi d'**être un acteur professionnel** dans notre manière d'être, dans notre manière d'équilibrer nos dimensions masculine et féminine, d'avoir une écoute et une perception profonde et élargie quand la situation le demande et de décider, de se confronter ou d'agir quand le moment est arrivé.

LE DÉFI D'ÊTRE LIBRE

Explorons les différentes manières d'être libre au quotidien.

Être libre, c'est accueillir toute notre expérience intérieure. Si nous vivons de la colère, c'est l'entendre, la comprendre, l'accepter et la partager pour éviter toute violence. Comment prétendre être « démocrate » si nous ne laissons pas nos propres idées et émotions s'exprimer ? Cela ne nous empêche pas de faire des choix, de décider, mais cela permet de le faire en connaissance de cause, en connaissance de « vécu ». Être libre, c'est laisser s'exprimer tout ce qui vient, nos pensées, nos émotions, nos sensations sans les limiter, sans les interpréter ni les nier. C'est prendre le risque de nous tromper quand nous cherchons à être nous-mêmes, à découvrir nos potentialités, à identifier notre propre chemin.

Être libre, c'est nous autoriser à avoir des émotions et à répondre à nos besoins. C'est nous autoriser à voir au-delà du moi visible, à voir celui que nous désirons devenir. C'est prendre le risque de nous accepter tel que nous sommes et de le prouver par nos actes. Être libre, c'est aller vers les personnes qui nous attirent et tant pis si elles nous ignorent, nous n'en mourrons pas. C'est savoir qui nous désirons comme partenaire, comme membre d'équipe, comme patron, comme coach, comme clients. Être libre, c'est traverser les moments de doute, les périodes de sécheresse, les crises personnelles, professionnelles ou sociétales, c'est trouver la patience d'apprendre quand rien n'avance et le courage de prendre le risque quand l'opportunité se présente. Être libre, c'est transmettre, partager, diffuser sans compter et laisser de côté ceux qui se sentent obligés de garder leurs informations, leur affection, leur attention, leur pouvoir. Une énergie qui ne circule pas est une énergie morte, restons vivants, restons libres. Être libre, c'est être présent à soi-même à chaque instant et avec chaque interlocuteur. Je reste centré sur ma qualité d'être avant de penser, de parler ou d'agir. Les principaux pièges à éviter en tant que personne libre sont de se couper de soi et de son ressenti. C'est une manière de ne pas reconnaître ses blessures, de crainte de donner la parole à ses désirs, d'hésiter à plonger dans ses racines, de ne pas matérialiser ses rêves, de vouloir supprimer l'imprévu, de ne pas être reconnaissant de ce que nous avons déjà. Et, fatalement, de rater l'opportunité des crises rencontrées dans notre vie professionnelle et personnelle.

LE DÉFI D'ÊTRE DIFFÉRENT

Quelles que soient nos différences, qu'elles apparaissent dans la famille, dans l'entreprise, dans la société, qu'elles soient physiques, affectives ou intellectuelles, et plus concrètement celles d'être jeune, vieux, une femme, un homme, noir ou jaune, juif ou protestant, riche ou pauvre : chacun a le devoir d'être ce qu'il est. Même quand il s'agit de soi, vis-à-vis de soi, c'est-à-dire apprécier d'être jeune quand je suis jeune, d'être vieux quand je suis vieux, d'être triste quand je suis triste, d'être petit quand je suis petit. Mais aussi, quand il s'agit de soi vis-à-vis de l'autre : c'est-à-dire accepter les vieux quand nous sommes jeunes, accepter les jeunes quand nous sommes vieux, accepter ceux qui n'acceptent pas leurs propres émotions, accepter ceux qui ne s'acceptent pas eux-mêmes et le plus difficile, accepter ceux qui ne nous acceptent pas. Autrement dit, être différent, c'est donner la parole à nos émotions, à nos besoins sous forme de décisions, d'actes ou de prises de parole.

Être différent, c'est penser différemment les situations, les expériences, les conflits, les relations, la vie. C'est inventer notre manière de penser ou choisir celle qui nous convient sans jamais penser malgré nous. Être différent, c'est avoir un regard décalé sur notre environnement. Être différent, c'est être complexe, créatif, paradoxal dans les moments d'insécurité. Être différent, c'est interroger les règles, les lois les principes pour que le système continue d'évoluer quand la majorité pense différemment. Être différent, c'est lâcher prise, être flexible quand les autres veulent rester dans le contrôle, dans l'orthodoxie. Être différent, c'est continuer là où les autres se sont arrêtés. Être différent, c'est se créer à partir de ses désirs, besoins et aspirations là où les autres veulent nous dicter notre conduite. Être différent, c'est accueillir notre culture, notre religion, notre histoire pour mieux l'interroger, la valider ou la choisir. Être différent, c'est dire nos convictions sur la vie quand la majorité ne les partage pas, quand nos proches les rejettent, quand notre culture les condamne. Être différent, c'est écouter notre intuition, accepter notre dissonance sans entrer dedans. Être différent, c'est assumer notre solitude, accepter de perdre tout pour nos valeurs. Être différent, c'est oser aimer notre vie et le prouver par nos actes en assumant de perdre, de ne pas être aimé, de nous tromper. Les bouddhistes savent qu'il faut savoir accepter la mort pour vivre pleinement. Être différent, c'est tenir compte de notre expérience intérieure dans nos actes, en reconnaissant avoir nos propres désirs et aspirations, en reconnaissant nos propres compétences et talents. Être différent, c'est utiliser nos succès, nos échecs et en le montrant, en utilisant tous nos talents, nos désirs et nos compétences, en pensant, en nous exprimant et en agissant par nous-mêmes en chaque circonstance.

Les principaux pièges à éviter en tant qu'individu différent sont d'avoir peur d'être abandonné, rejeté, de ne pas accepter d'être seul, d'avoir tendance à forcer pour que les événements se produisent, qu'il s'agisse d'une parole, d'une reconnaissance, d'une présence. C'est aussi d'éviter les risques inhérents à sa différence, ne pas reconnaître ses blessures…

LE DÉFI D'ÊTRE PROFESSIONNEL

Comme nous l'avons dit, être un acteur professionnel, c'est oser être soi-même en tant que manager, indépendant, consultant ou coach professionnel. Être professionnel, c'est être libre et accepter sa différence, c'est accompagner ses partenaires dans la liberté d'être soi et dans l'acceptation de la différence là où elle est, là où elle est prête à s'exprimer, à se manifester, à se vivre. Être professionnel, c'est aussi se sentir libre dans sa façon de pratiquer son métier sans craindre d'affirmer son identité professionnelle sans avoir recours à la comparaison et au jugement des autres. C'est découvrir son style personnel au-delà des catégorisations et des profils, mais par l'auto-exo-re-observation. C'est accepter et affirmer son désir et son bien-être dans son activité, les écouter, les respecter, les assumer, les réaliser pleinement. C'est découvrir sa manière unique de travailler au fil de son expérience. Être professionnel, c'est savoir être dépendant et indépendant, contre dépendant et interdépendant, en étant à l'aise dans toutes ses postures professionnelles en faisant la différence entre le langage cognitif et le langage émotionnel, entre réfléchir, analyser, interpréter et observer, ressentir, partager son vécu. Être professionnel, c'est surtout partir de sa qualité d'être dans chaque décision, chaque parole et chaque action réalisée. Cela, pour éviter de se perdre soi-même, pour éviter de suivre une certaine école de pensée ou de pratique, un certain courant, une culture, une mode, une religion pour être conforme, pour être standard au lieu de rester soi-même.

C'est exprimer ses idées sans en être propriétaire, c'est-à-dire ses convictions sans être sourd à celles de son interlocuteur, c'est choisir sa culture ou sa « religion » en considérant celle de l'autre.

Tout cela, en s'appuyant sur le courage et la rigueur de l'écoute de ses émotions, de la réponse à ses besoins, la prise de responsabilité vis-à-vis de ses paroles, de ses actes. Être professionnel, c'est supporter et traverser les périodes de crise ; c'est par exemple savoir démissionner quand son employeur ne correspond plus à nos valeurs. Être professionnel, c'est savoir quand faire appel à un spécialiste si ça ne marche plus comme nous le voulons ; c'est aussi savoir quand nous remettre en question. Être professionnel, c'est apprécier les moments d'euphorie et montrer notre gratitude aux partenaires qui ont été un soutien. C'est construire un réseau solide qui partage nos aspirations, nos valeurs et nos objectifs. Être professionnel, c'est savoir prendre les décisions difficiles avant qu'il ne soit trop tard et ne jamais reprocher nos « échecs » aux autres. Être professionnel, c'est fêter chaque « réussite » comme il se doit avec ses partenaires et surtout avec soi-même.

Les trois défis de la vie

Être
LIBRE

Être
PROFESSIONNEL

Être
DIFFÉRENT

Les principaux pièges à éviter en tant que professionnel sont :

- regarder l'étiquette de notre interlocuteur, notre connaissance passée, nos préjugés, nos *a priori*, sans vérifier par une observation rigoureuse notre actualisation, notre qualité d'être présente dans l'instant ;
- ignorer notre ignorance de l'autre sans laisser la place à la découverte, au nouveau, à la surprise, à l'inattendu, que l'autre soit une personne, une équipe, une entreprise, un groupe social, culturel...

- entrer dans un courant de pensée ou de pratique sans l'avoir véritablement choisi. Pour éviter ce piège, il nous faut auto-éco-re-choisir, c'est-à-dire, choisir à partir de notre conscience, de notre ressenti, de notre intuition ; choisir à partir de nos observations des retours de pratiques et enfin, à partir d'une validation continuelle de nos choix ;
- considérer que l'autre n'a rien à voir avec nous, que ce que nous admirons ou détestons est indépendant de qui nous sommes. Ignorer que le miroir que représente l'autre est notre principale manière de prendre conscience, de changer, de nous adapter, d'évoluer, de nous libérer de nos conditionnements ;
- et, enfin, ce qui est le plus vérifiable, c'est ignorer nos émotions, nos besoins et notre responsabilité au quotidien.

▪ LES TROIS CYCLES D'ACTUALISATION

Nous avons abordé les caractéristiques et les freins d'un acteur émotionnellement intelligent. Il nous reste à voir quels processus mettre en œuvre, quelle écologie est utile pour « développer l'acteur IE » que nous sommes. Ces processus de progrès prennent en compte certains éléments proposés en fonction des besoins du profil ou de la situation rencontrée.

Ils intègrent deux regards complémentaires et antagonistes. Le premier est focalisé sur le passé, l'observation, la prise de conscience, la réparation, l'insight et **s'appuie sur les émotions liées à notre expérience passée**. Le second est focalisé sur l'avenir et **s'appuie sur la motivation, l'identification de nos désirs, de nos projets et aspirations**. Enfin, l'utilisation du processus peut se faire pendant ou en dehors de l'événement initiateur.

Il faut signaler qu'il n'est pas nécessaire d'aller jusqu'au bout d'un processus. Ce processus formel, cognitif malgré tout, ne peut prendre en compte le temps de maturation affective nécessaire. Enfin, il est important de vérifier à chaque étape que le contact avec nos émotions est toujours présent.

UN PROCESSUS QUOTIDIEN

Ce processus est utilisable au quotidien et facilement applicable pour maintenir notre croissance émotionnelle. Ce processus contient différentes étapes qu'il faut utiliser dès que nous vivons une émotion désagréable dans nos relations, que ce soit avec les clients, un coéquipier ou notre responsable hiérarchique. Il demande un minimum de pratique et d'attention pour exploiter toutes ses possibilités. Sa durée varie entre trois et quinze minutes. Partons de notre expérience émotionnelle pour répondre aux différentes questions.

- **Quelle est la situation ? (Problème/Comportement/Faits/ Événement)**

Décrire la situation le plus factuellement possible pour rester proche de ce qu'il s'est vraiment passé, sans interpréter.

Exemples :

À utiliser	À éviter (Traduire en éléments factuels)
Il ne m'a pas dit bonjour	Il ne me considère pas
Il n'a pas répondu à ma question	Il ne voulait pas me donner l'information
Il m'a donné un ordre	Il me considère comme son larbin
Il a critiqué ma proposition	Il me dévalorise chaque fois

- **Comment réagit mon sens émotionnel à la situation ?**

Laissons venir le sens émotionnel de la situation globale. Eugène Gendlin, créateur du focusing, a montré l'importance de rester connecté à ses propres sensations plutôt que de répondre avec sa tête. Après avoir énoncé clairement la description, prenons quelques secondes pour écouter nos sensations.

À utiliser	À éviter (Descendre au niveau du corps)
Répondre avec notre corps	Répondre avec notre mental
Attendre quelques secondes	Répondre immédiatement
Regarder vers le bas	Regarder vers le haut
Vérifier s'il y a soulagement	Oublier de vérifier l'effet sur nous de chaque réponse

Puis vérifions quand une émotion, un mot ou une image émerge, que notre sens émotionnel le confirme. Sinon il faut recommencer ! Identifions la ou les émotions correspondantes de la même manière.

À utiliser	À éviter (Traduire en termes émotionnels) se sentir…
Colère, agacement, contrariété, exaspération, frustration	… envahi, hostile
Peine, affectation, désorientation, dépression, affliction	… ignoré, rejeté, abandonné
Peur, anxiété, frayeur, souci, terreur	… agressé, violenté, dévalorisé
Dégoût, amertume, antipathie, écœurement, aversion	… agressé, attaqué, assailli

De quoi ai-je besoin ? Décrire le besoin, le désir

À partir des éléments précédents, trouvons le besoin qui n'a pas été respecté ou les valeurs qui ont été bafouées. La première étape consiste à prendre conscience du besoin, la seconde à le prendre en charge lors de l'action.

À utiliser	À éviter (Traduire la demande en besoin)
Autonomie, sens, valeurs, rêves	Réussir le projet seul
Célébration, reconnaissance	Dépasser le concurrent
Authenticité, créativité, harmonie	Lui dire : « C'est magnifique »
Appréciation, acceptation, empathie	Apprécier ses collaborateurs, être au service des clients
Nourriture, sommeil, air, exercice, sécurité	Faire un footing tous les dimanches
Jeu, amusement, loisirs, détente	Aller au cinéma, au théâtre
Beauté, inspiration, paix	Escalader l'Himalaya

Qu'est-ce que cette situation et ce besoin associé nous **permettent d'apprendre** sur nous, sur la raison de cette émotion, sur le sens à donner à l'expérience, sur l'ouverture à des nouveaux possibles ?

Comment réagirait-on **si la situation se reproduisait** ? Finalement, qu'empêche-t-elle d'être ou de faire ? Cette question nous permet d'identifier ou de préciser le désir à partir du besoin et d'orienter une éventuelle action ou demande. Nous commençons ici à imaginer que notre désir se réalise, se construit, se précise. Toujours en contact avec nos ressentis, nous découvrons notre direction, le pourquoi de l'expérience.

Si nous nous permettions, nommer ici notre désir, **que pourrait-il nous arriver de désagréable** ? Cette question nous permet de trouver et de dépasser le lien entre l'émotion et notre conditionnement, notre histoire, notre passé afin de lever les obstacles internes.

● **Quel est le retentissement de cette situation ?**

Associé à nos émotions, nous trouvons ce que Jacques Salomé appelle le « retentissement », fait d'images ou de souvenirs qui appartiennent à notre histoire et qui sont à l'origine de nos émotions.

Il nous permet de relier l'émotion à notre histoire personnelle, la situation actuelle à une situation passée, et de nous libérer de l'émotion rencontrée.

Les questions types à poser :

- ça me fait penser à quoi ?
- ai-je déjà vécu ce genre de situation ?
- à qui me fait penser cette personne ?

● **Quelle nouvelle interprétation puis-je donner ?**

Pour décrire la nouvelle version émotionnelle en s'appuyant sur tous nos instruments sensoriels, commençons par visualiser le plus précisément possible la scène telle que vous souhaiteriez la vivre si elle se reproduisait. Ce que nous voyons : les personnages, les actions et réactions, expressions et mimiques, l'ambiance, les couleurs, les ombres... Ensuite, ce que nous entendons : les dialogues, les niveaux de son, les tons de voix, les bruits environnants, le rythme d'élocution, les silences... Enfin, ce que nous sentons ! Il nous reste à entrer dedans, à pénétrer dans la scène et la vivre complètement avec nos sensations telles que le niveau de tension, le froid et le chaud, le niveau de pression, le lourd et le léger, le dur et le mou, l'humeur, les sentiments, les émotions...

● **Quelle action ai-je envie de mener ?**

Décider, demander et agir dans le sens de mes prises de conscience. Il nous reste à comprendre deux choses. La première et la plus importante est de lâcher prise en nous faisant confiance : nous avons fait ce que nous avions à faire pour y arriver. La seconde est de porter notre attention sur notre qualité d'être. Dans quel état d'être sommes-nous ? Comment est-ce que nous vivons cette expérience aujourd'hui ? Autant avant il est important de se concentrer sur ce que nous voulons, autant pendant nous restons dans une forme de lâcher prise et d'observation de ce qu'il se passe.

> ### En résumé
>
> - Décrire la **situation** le plus factuellement possible.
> - Laisser s'exprimer notre **sens émotionnel**.
> - Identifier nos **besoins**.
> - Décrire nos **retentissements**.
> - Décrire notre **meilleure version**.
> - **Agir**, demander, décider autrement.

Processus rapide : de la situation à l'action

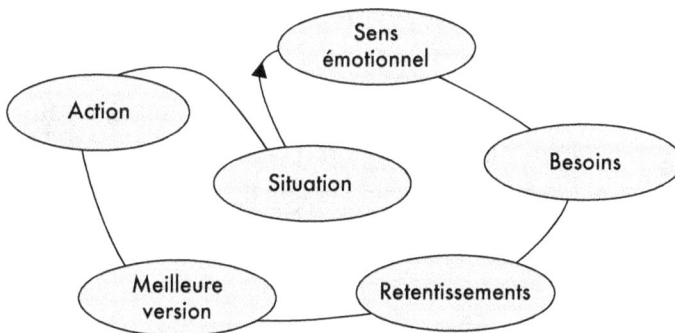

UN PROCESSUS PÉRIODIQUE

Ce processus est élaboré dans un lieu où nous ne sommes pas dérangés, le soir avant de nous coucher en « revisualisant » notre journée. La durée de son déroulement prend entre quinze minutes et quelques heures. Ce processus n'est séquentiel que pour des raisons didactiques, il est possible que nous ayons besoin de revenir sur certaines étapes avant d'aller plus loin. Il est important de le réaliser comme un jeu d'exploration de soi, comme une odyssée de nos émotions.

Dégager un espace

Pour être disponible à nous-mêmes, commençons par lister les problèmes présents à l'esprit, susceptibles de nous encombrer et notons-les au fur et à mesure du déroulement de l'étape. Puis, nous pouvons choisir entre deux options : être focalisé sur notre corps en observant les images, les dialogues et les sensations intérieures. Ou bien, être focalisé sur un point extérieur en adoptant une vision périphérique, c'est-à-dire garder présent à l'esprit et en même temps tout l'espace nous environnant en commençant par un point, puis deux, trois... puis l'ensemble et la maintenir quelques minutes jusqu'à ce que nous nous sentions détendus. Quand nous ne sommes plus dérangés par notre environnement ni par nos pensées, nous choisissons une situation pour aborder les questions suivantes.

Décrire la situation : faits/problème/comportements

Décrire la situation le plus factuellement possible pour rester proche de ce qu'il s'est vraiment passé, sans interpréter. L'erreur la plus courante est de partir sur des interprétations, des jugements de valeurs. Si c'est le cas, traduisons-les en faits pour nous soulager et nous rendre à nouveau disponibles à ce qu'il s'est réellement passé.

Décrire comment nous nous sommes comportés face à la situation (évitement, réaction, affrontement, fermeture...).

Exprimer nos reproches (écrire, en parler si besoin)

Cet aspect est important dans la mesure où la situation peut toucher quelque chose de profond ou de répétitif et que nous sommes encore parasités ou gênés par notre histoire. Interprétons la situation et décrivons nos idées (position prise, annoncée) sur le sujet. Au fur et à mesure que nous nous libérons de nos conditionnements, nous devenons disponibles pour continuer.

Interroger notre ressenti

Identifier notre état affectif en laissant venir le sens émotionnel de notre corps et en partant de la situation globale. Deux écueils sont à éviter ici : interroger notre tête activement ou masquer nos sentiments par une évaluation ou un jugement de valeur. Interrogeons notre ressenti en restant centré sur la situation globale et en attendant une réponse. Restons dans un état de réceptivité, du type

« attendre et voir ». Généralement, nous n'y arrivons que progressivement, alors soyons patients et persistants.

Faisons ensuite résonner le mot, l'émotion, l'image venue et interrogeons-les pour valider notre première perception. Si nous ressentons quelque chose d'agréable, un soulagement, un soupir, une respiration, c'est que nous avons trouvé.

Puis accueillons ce ressenti, prenons le temps de le sentir, de l'apprécier, de le vivre complètement. Restons en silence le temps nécessaire pour que cet état nous envahisse entièrement.

Décrire nos besoins

À partir des éléments précédents, nous pouvons trouver le besoin qui n'a pas été respecté ou les valeurs qui ont été bafouées. De quoi ai-je besoin ? Est-ce que ce besoin est déjà apparu dans mes explorations précédentes ? Depuis quand ai-je ce besoin ? Attention de ne pas confondre besoin et attente, besoin et demande. L'attente et la demande sont considérées comme orientées sur l'autre, le besoin est orienté sur soi. En explicitant notre besoin, nous prenons la responsabilité de notre vécu intérieur. Par exemple : j'ai besoin de partage ou d'authenticité. En énonçant notre demande, nous prenons la responsabilité de notre vécu avec l'autre. Par exemple : je souhaite en parler ouvertement avec toi, que nous prenions un temps pour nous écouter mutuellement. J'ai besoin d'estime ou de confiance, et j'ai des attentes de signes de reconnaissance de ta part, de signes d'affection.

Décrire nos retentissements

Associés à nos émotions, des souvenirs émergent à notre conscience et sont à l'origine de ces émotions. Nous pouvons ainsi nous reconnecter aux situations passées similaires pour nous en libérer et redevenir présents au présent, acteurs de notre vécu, conscients de ce qui se passe et donc plus flexibles, plus réactifs, plus interactifs, plus fluides. Les questions types à poser :

– ça me fait penser à quoi ?
– ai-je déjà vécu ce genre de situation ?
– à qui me fait penser cette personne ?

Décrire la nouvelle interprétation

Au fur et à mesure que nous avançons dans le processus, nous ouvrons d'autres portes, d'autres manières de voir l'expérience. Il devient progressivement possible de comprendre ce qui s'est joué et d'imaginer d'autres scénarios qui correspondent mieux à nos choix, nos souhaits et nos désirs.

Qu'est-ce que cette expérience nous a permis d'apprendre sur nous, sur notre activité, sur nos relations, sur notre mission, sur notre croissance ?

Comment est-ce que nous réagirions si la situation se reproduisait ? Que nous a-t-elle empêchés d'être, de faire ou d'avoir ?

Focalisons-nous sur notre désir quelques instants en commençant par visualiser le plus précisément possible la scène telle que nous souhaiterions la vivre si elle se reproduisait.

Ce que nous voyons : les personnages, les actions et réactions, expressions et mimiques, l'ambiance, les couleurs, les ombres…

Ce que nous entendons : les dialogues, les niveaux de son, les tons de voix, les bruits environnants, le rythme d'élocution, les silences…

Enfin, ce que nous sentons. Il nous reste à entrer dedans, à pénétrer dans la scène et à la vivre complètement avec nos sensations telles que le niveau de tension, le froid et le chaud, le niveau de pression, le lourd et le léger, le dur et le mou… l'humeur, les sentiments, les émotions….

Nous adresser à notre interlocuteur

Cette dernière étape consiste à nous confronter à notre réalité pour vérifier où nous en sommes par rapport à notre qualité d'être. Ici aussi, laissons-nous le temps nécessaire pour faire mûrir les choses et restons à l'écoute de nos émotions.

Notre interlocuteur peut être nous-mêmes ou une tierce personne, c'est en tout cas une personne importante pour nous. Plus elle est importante pour nous plus nous en retirerons de bénéfices affectifs pour notre croissance émotionnelle. Il n'y a pas de progrès sans prise de risque, pas de progrès sans responsabilisation par rapport à notre vécu.

Si la situation le nécessite, passons par les trois étapes suivantes :

- commencer par écrire sur notre carnet de bord ce que nous aurions envie de dire si nous étions face à cette personne ;
- puis le dire à haute voix en nous adressant à elle « virtuellement » en observant ce qui se passe en nous ;
- enfin, le lui dire réellement en acceptant nos incertitudes, nos craintes, de manière authentique. En prenant le risque d'être nous-mêmes.

En résumé

- Dégager un **espace**.
- Décrire la **situation**.
- Exprimer nos **reproches**.
- Interroger notre **ressenti**.
- Décrire nos **besoins**.
- Décrire nos **retentissements**.
- Décrire la **nouvelle interprétation**.
- Nous adresser à notre **interlocuteur**.

Processus intermédiaire : de la création
d'un espace à la confrontation

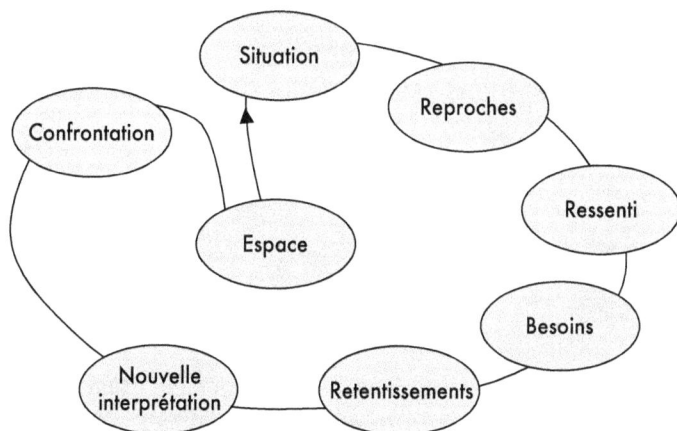

UN PROCESSUS DE CRISE

Ce processus nous permet de nous actualiser – devenir actuel, présent – de manière approfondie. Il est inspiré de l'ouvrage *Trouver la force d'oser* de Daniel Grosjean et Jean-Paul Sauzède[1], qui aborde les aspects coaching et thérapie dans une même démarche de résolution de crise.

Identifier les crises de notre « ligne de vie »

À partir des différentes crises identifiées depuis notre plus jeune âge, choisissons-en une et répondons aux différentes clés de clarification.

Décrire les désordres, ressentis, réactions, opportunités.

Prendre conscience de notre situation de crise actuelle (échec, rupture, accident...)

Décrire la situation : les faits, les problèmes, les comportements.

Décrire notre vécu : nos émotions, nos ressentis, nos réactions.

Décrire les retentissements significatifs, réactivés dans notre histoire.

Plonger dans nos racines familiales

Décrire notre histoire émotionnelle pour identifier les conditionnements de notre éducation, de notre famille et de notre environnement social.

Identifier nos conditionnements pour éviter les répétitions inconscientes et permettre les réparations.

Permettre les réparations pour transformer nos blessures en ressources identitaires.

---

1. Grosjean Daniel, Sauzède Jean-Paul, *Trouver la force d'oser : 8 étapes pour faire tomber ses peurs et vivre pleinement*, InterÉditions, 2006.

Identifier nos aspirations (à partir des projections ou rêves)

Décrire la nouvelle interprétation de notre situation de crise.

Identifier ce que nous voulons (connaître notre désir).

Accorder de l'attention à notre désir (nous focaliser sur notre désir).

Accueillir l'imprévu (situations, choix, idées)

Considérer ce qui nous arrive comme ayant un sens : je laisse faire les choses, ne résiste pas, je crée de nouvelles solutions.

Face à cette crise, sommes-nous restés dans un cadre préétabli ou en sommes-nous sortis pour créer de nouvelles solutions ?

Face à une situation surprenante, sommes-nous enclins à l'ignorer ou à l'intégrer dans une solution nouvelle ?

Transformer nos peurs (résistances)

Adressons-nous aux bons interlocuteurs : écrire ce que nous avons envie de lui dire, le dire seul à haute voix, puis le dire face à l'interlocuteur (blessé-tristesse, valorisé-joie)

Nous accomplir (vivre pleinement, accueillir les reconnaissances)

Permettre à nos aspirations de se manifester (décoder les peurs encore identifiables).

Comment développons-nous ce qui est grand en nous à partir de cette crise ?

En résumé

- Identifier les **crises** de notre « ligne de vie ».
- Prendre conscience de notre situation de **crise actuelle**.
- Plonger dans nos **racines** familiales.
- Identifier nos **aspirations**.
- Accueillir l'**imprévu**.
- **Transformer** nos peurs.
- Nous **accomplir**.

Processus approfondi : de la crise à l'accomplissement

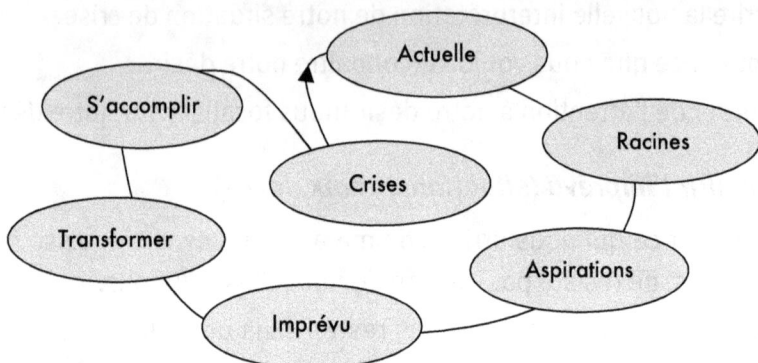

Prendre du recul

IE, sagesse et spiritualité

Un sage peut être considéré comme une personne qui est parvenue à la maîtrise de soi et tend à réaliser un modèle idéal de vie. Il développe un caractère et un esprit élevés, clairvoyants et sereins quant à la vie, qui représentent un idéal d'accomplissement.

La spiritualité, quant à elle, représente un ensemble de croyances, pratiques et études qui privilégient l'être vivant dans sa nature essentielle (âme, esprit) par opposition à sa nature matérielle (corps). Elle conduit à des démarches qui ne sont pas seulement intellectuelles mais également émotionnelles et mystiques, cherchant à générer l'expérience divine.

Elle peut être religieuse, théiste (se relier à Dieu, à la nature et aux hommes) ou spirituelle (bouddhisme), ou non religieuse (se relier à l'humain), cette dernière approche étant incarnée par des philosophes comme Bergson, André Comte-Sponville ou Vladimir Jankélévitch.

Le courant de l'intelligence émotionnelle ne prétend pas chercher à créer ni à atteindre un modèle idéal de vie, en revanche, il tend à parvenir à une forme de maîtrise de soi.

De même, il se donne comme finalité d'atteindre une certaine sérénité de vie, sans prétendre parvenir à la clairvoyance, même si l'intuition et l'inspiration sont fortement conditionnées par l'accueil des émotions et, plus généralement, de l'expérience intérieure.

En relation avec la spiritualité, ce courant conduit à une démarche émotionnelle et intellectuelle, mais pas mystique, sans rechercher l'expérience divine même si religieux et non religieux s'y intéressent.

• • •

● ● ●

Des études ont reconnu que la méditation, par exemple, facilite la maîtrise de soi et de ses émotions. Par ailleurs, la religion accorde une importance au bien et au mal alors que le courant de l'intelligence émotionnelle n'y fait pas explicitement référence, mais se réfère à la réussite et à l'échec. Précisons que ces notions sont très relatives à une manière de voir et il serait plus objectif de parler d'expérience agréable ou désagréable.

Synthèse

Qu'est-ce qu'être acteur ?

- C'est faire résonner nos multiples facettes émotionnelles, cognitives et corporelles.
- C'est harmoniser notre intuition, notre pensée et nos actes. C'est-à-dire être réceptif aux propositions de notre intuition, ensuite nous servir de notre pensée pour choisir, enfin mettre nos choix en actes.
- C'est faire tomber nos murs, nos ignorances, l'ignorance de nos ignorances, par un effort continu de décodage du sens émotionnel.
- C'est agir comme si nous n'étions séparés de rien ni de personne.
- C'est ne jamais rater une occasion de partager notre vérité, nos ressentis, nos idées avec chacun et particulièrement avec les personnes importantes pour nous.
- C'est oser affirmer notre différence face au danger, à la menace, à l'intolérance, à la ségrégation, à l'ignorance.
- C'est savoir qui nous sommes et qui nous voulons devenir jusqu'à ce que les deux ne fassent qu'un.
- C'est faire ce que nous aimons vraiment, et rien d'autre.
- C'est ne jamais dire à nos collaborateurs comment se comporter.
- C'est ne jamais nous laisser dicter notre conduite.

Questions/Réponses individuelles

Comment puis-je échouer à être acteur de ma vie ?

En voulant connaître la vérité telle que je la comprends.
En restant dans ma zone de sécurité et ne jamais en sortir.
En m'enfermant dans mes pensées et en laissant de côté mes émotions.
En voulant changer les autres.

À quel moment est-ce que je passe du pouvoir au jeu de pouvoir ?

Quand je ne dis pas la vérité à l'autre et finalement à moi-même.
Quand j'essaie de passer outre le libre arbitre de l'autre.

Être acteur de sa vie, est-ce un état ou un processus ?

C'est être dans un processus continu d'actualisation de soi.
C'est être soi-même en étant conscient d'être soi-même. C'est-à-dire être heureux, en étant conscient d'être heureux, être en colère tout en étant conscient d'être en colère, avoir peur tout en étant conscient d'avoir peur, être joyeux en étant conscient de sa joie. C'est être conscient pendant l'expérience.

Quelle est la chose que je dois impérativement faire pour être acteur de ma vie ?

Vous n'avez rien à faire sinon être ce que vous êtes, être conscient en pleine expérience. Pour être manager ou coach, vous avez simplement à être conscient en pleine expérience de coaching, de management.

Quels sont les cinq signes permettant d'identifier un acteur IE ?

Il pense à partir de son inspiration.
Il s'exprime à partir de ses émotions.
Il agit en accord avec ses émotions et ses pensées.
Il sait être ce qu'il veut être avant de faire l'expérience d'être ce qu'il sera.
Il accepte l'autre tel qu'il est même s'il n'est pas d'accord avec lui.

Questions/Réponses entreprises

Comment le responsable du développement humain peut contribuer à multiplier les acteurs dans l'entreprise ?

La plupart du temps, en s'attachant à mettre en actions les valeurs de l'entreprise. Dans la majorité des cas, en s'appuyant lui-même sur ses compétences de coach et d'entraîneur de compétences émotionnelles.

Qui détient le véritable pouvoir dans l'entreprise ?

Celui qui détient le pouvoir est celui qui sait écouter son inspiration et qui sait la partager. Celui qui s'attache à ne faire que ce qu'il aime vraiment.

Quels sont les pièges à éviter ?

Rester sur ses préjugés sans vérifier par soi-même les retours sur l'investissement humain. J'ai parfois entendu dire sincèrement « Ils ne sont pas prêts ! », « Ça ne peut pas marcher ! » ou « Ce n'est pas le moment ! » alors que, la veille, je contribuais à cette « impossible » tâche. Si j'y ai contribué, c'est probablement parce que je ne savais pas que cela était impossible.

Un autre piège est de penser qu'en période de crise, il faut revenir sur des formations techniques ou métier.

Questions d'entraînement

En quoi avez-vous été acteur aujourd'hui ?

....

....

....

....

....

....

*Quels sont les trois principaux moments émotionnels
de votre journée ?*

....

....

....

....

....

....

*Comment avez-vous agi avec ou réagi contre vos émotions
aujourd'hui ?*

....

....

....

....

....

....

*Combien de fois avez-vous visualisé votre intention avant
les séquences importantes de votre journée ?*

....

....

....

....

....

....

Exercice d'illustration

Voici un exercice qui vous permettra de renforcer votre expérience émotionnelle et de maîtriser progressivement votre vision.

Pendant une journée, depuis votre arrivée dans votre lieu de travail jusqu'à votre départ vous allez, d'une part, faire sonner votre montre toutes les heures et vérifier quelles sont vos émotions et pensées chaque fois qu'elle sonne ; d'autre part, identifier votre intention pour chaque séquence (appel téléphonique, rendez-vous, rédaction…) de la journée. Le soir, faites le point pendant dix minutes et notez ce que vous retenez de cette expérience.

Je vous propose d'apprécier ce poème que je relis régulièrement et avec toujours autant de contentement :

SI...

Si tu peux voir détruit l'ouvrage de ta vie
Et sans dire un seul mot te remettre à rebâtir,
Ou perdre d'un seul coup le gain de cent parties
Sans un geste et sans un soupir ;

Si tu peux être amant sans être fou d'amour,
Si tu peux être fort sans cesser d'être tendre
Et, te sentant haï, sans haïr à ton tour,
Pourtant lutter et te défendre ;

Si tu peux supporter d'entendre tes paroles
Travesties par des gueux pour exciter des sots,
Et d'entendre mentir sur toi leurs bouches folles
Sans mentir toi-même d'un seul mot ;

Si tu peux rester digne en étant populaire,
Si tu peux rester peuple en conseillant les rois
Et si tu peux aimer tous tes amis en frère
Sans qu'aucun d'eux soit tout pour toi ;

Si tu sais méditer, observer et connaître
Sans jamais devenir sceptique ou destructeur ;
Rêver, mais sans laisser ton rêve être ton maître,
Penser sans n'être qu'un penseur ;

Si tu peux être dur sans jamais être en rage,
Si tu peux être brave et jamais imprudent,
Si tu sais être bon, si tu sais être sage
Sans être moral ni pédant ;

Si tu peux rencontrer Triomphe après Défaite
Et recevoir ces deux menteurs d'un même front,
Si tu peux conserver ton courage et ta tête
Quand tous les autres les perdront,
Alors les Rois, les Dieux, la Chance et la Victoire
Seront à tout jamais tes esclaves soumis
Et, ce qui vaut mieux que les Rois et la Gloire
Tu seras un homme, mon fils

Rudyard Kipling
(Traduction d'André Maurois)

Conclusion

Nous souhaitons tous que notre futur soit meilleur, que les professionnels évoluent dans des entreprises moins stressantes, que nos enfants grandissent dans une société plus juste, plus libre, plus intelligente. Il se trouve que nous avons inversé le sens des choses. Nous croyons que celui qui exprime ses émotions est faible, que celui qui les cache est fort. La force se trouve dans notre liberté. L'argent n'est qu'un outil, un moyen d'échange, le véritable pouvoir n'est pas dans nos moyens ni dans notre passé, mais dans nos finalités, dans nos valeurs, dans notre capacité à voir, entendre et vivre ce monde meilleur. Je ne fais pas d'évangélisme. Le monde actuel ne correspond pas à ce que nous sommes, nous avons tous un potentiel bien plus grand que celui que nous exprimons. Tous, nous savons cela, les scientifiques, les philosophes et les spirituels. Lorsque nous avons peur de changer, notre force réside dans notre capacité à voir cette peur, à être ce que nous sommes, c'est-à-dire à être conscient de ce que nous sommes et de ce que nous ressentons. Car cela nous permet d'accélérer notre croissance afin d'incarner ce que nous pouvons être, ce que nous nous destinons à être. Vous viendrait-il à l'idée de demander à un géant de vous aider à déplacer un caillou ? Non, les géants doivent déplacer des montagnes, sinon ils sont malheureux, ils s'ennuient et sont frustrés.

Voilà pourquoi continuellement nous devons réinventer la vie, le travail, la société. Parce que nous n'avons que cela à faire, parce que ce chemin nous apporte joie et satisfaction et que sans lui, tel le géant qui n'aurait que des cailloux à déplacer, nous sommes malheureux et nous nous ennuyons.

Pour y parvenir, nous avons à choisir entre réagir ou agir, copier ou créer, subir ou choisir. La responsabilité du fait de choisir s'exerce autant sur celui qui choisit que sur celui qui ne choisit pas. Personne n'échappe à sa responsabilité, qu'il en soit conscient ou non.

Nous sommes des géants qui nous voyons comme des Lilliputiens, des Hommes qui nous voyons comme des hommes.

L'expérience peut être magnifique, inimaginable mais, comme toute destination a son chemin, nous avons notre chemin à parcourir. L'expérience de la guerre pourra n'être qu'un lointain souvenir de notre « Moyen Âge émotionnel ». Nous dirons : « Tu te rends compte, les hommes se faisaient la guerre quand ils n'étaient pas d'accord entre eux. Dans les entreprises, ils se battaient pour avoir plus de notoriété, plus de pouvoir, plus de... Ils étaient convaincus que leur salut se trouvait dans ce plus de pouvoir ou d'argent. Ils ne savaient pas qu'une ressource doit être au service d'une finalité. Et quand ils parlaient de finalité, ils étaient choqués, outrés... » et l'on vous répondra : « Mais alors, comment pouvaient-ils s'orienter sans développer leurs savoirs, leurs compétences pour finaliser leur existence, pour donner du sens à leur activité, pour prendre du recul sur leur humanité ? » S'arrêter sur les apparences c'est comme ne manger que la peau en laissant la chair.

Pour revenir à notre intelligence, nous réfléchissons aujourd'hui sur les différentes formes d'intelligence que nous avons. Nous nous apercevons que nous n'en avons pas qu'une seule, mais plusieurs. Si nous avons fait tant de choses, d'inventions, de découvertes avec notre intelligence cognitive, peut-être pourrons-nous en faire bien plus en développant les intelligences appropriées. Se pourrait-il que nous ne voyions que ce que nous connaissons au lieu de voir par nous-mêmes, d'écouter par nous-mêmes, de sentir par nous-mêmes ? Pourquoi, faire tout cela par nous-mêmes ? Pour inventer notre nouvelle manière d'être, de vivre, de communiquer, d'être heureux.

Pourquoi ne créerions-nous pas des centres de recherches sur le bonheur ? N'est-il pas important d'être heureux ? Combien d'argent dépensons-nous pour fabriquer de nouveaux outils, de nouveaux véhicules, de nouvelles maisons ? En face de ça, combien d'argent dépensons-nous pour « produire » des gens heureux, épanouis, réalisés ? J'ai appris que les ouvrages de développement humain étaient largement plus vendus que tous les autres sujets en librairie. Pourquoi cela ? Par besoin de sens ? Pourquoi laissons-nous la responsabilité du sens de notre vie aux seuls spirituels et philosophes ? Pourquoi chacun de nous ne s'approprie-t-il pas cette question essentielle ?

Pourquoi avons-nous besoin de crise pour nous remettre en question, pour nous demander qui nous sommes et qui nous désirons devenir ?

Pourquoi avons-nous monté des organisations institutionnelles ou privées ? Pas pour prétendre que l'une détient la vérité et aille jusqu'à tuer pour avoir raison ! Vous pensez que j'exagère ? Regardez l'actualité !

Pourquoi sommes-nous attirés par les catastrophes, les délits, les crimes, les meurtres ? Pourquoi n'avons-nous pas des médias qui nous cultivent davantage, qui nous incitent à réfléchir ? Tout cela est bien curieux, non ?

Idéaliste, oui. Utopiste, oui. N'oublions pas que nous devons toute notre technologie à des utopistes et des idéalistes, ainsi que toute notre science, tout notre art, tout notre confort...

Pourquoi les écoles nous apprennent-elles toujours quoi penser plutôt que comment penser ? Quoi dire, plutôt que comment le dire ? Quoi sentir, plutôt que comment sentir ? Nietzsche est exemplaire pour avoir utilisé toute son intelligence pour montrer comment l'homme peut évoluer. Albert Einstein est admirable car il nous a montré comment l'homme peut se dépasser. À travers ses écrits, il décrit comment faire, mais nous nous contentons de consommer. Jésus disait : « Je suis la vie, je suis la voie, suivez-moi ! », il nous reste à suivre notre propre intelligence et à la mettre au service des autres. Au lieu de faire des guerres de religion, des guerres de pouvoir, des guerres de savoir, nous pourrions imaginer de prendre conscience de nos liens, de ce qu'est le véritable pouvoir, de donner une finalité à notre savoir.

Voilà pourquoi, nous devons inventer notre futur. Attendre le Messie n'est pas la voie la plus rapide, il nous faut le trouver en chacun de nous. Trouver le responsable, le créateur, le conscient, l'inventeur en nous.

Le savoir nous a apporté beaucoup, il faut aujourd'hui nous intéresser aux autres formes d'intelligence :

– développer l'intelligence de notre expérience, l'intelligence de la vie, l'intelligence de l'art, l'intelligence de l'être. L'intelligence de l'essentiel et, avant cela, l'intelligence de notre intelligence ;

– nous poser des questions rétroactives, des questions sur nos questions, des questions sur nos réponses, des questions sur notre ignorance, des questions sur les intelligences de demain ;

– nous poser des questions finalistes sur là où nous voulons aller, le monde que nous voulons construire. Pourquoi ces questions resteraient-elles entre les mains d'une poignée d'hommes alors que nous avons tous l'intelligence de nous autogérer, de nous autodéfinir, de nous autofinaliser ;

– nous poser des questions sur les liens surprenants entre le macrocosme et le microcosme, découverts intuitivement par Pascal, relayé par les systémiciens d'aujourd'hui. Alors, utilisons notre intelligence émotionnelle et restons centrés sur notre chemin à parcourir ;

– enfin, nous poser des questions sur nos peurs, nos incertitudes, nos manières d'avancer, de progresser, d'évoluer. Lors d'un échange sur un projet de formation, mon interlocuteur me disait : « Ils ne sont pas prêts pour développer leur intelligence émotionnelle, vous savez, ça fait peur aux gens. Ils sont prêts à développer leur savoir-faire mais pas leur savoir-être. » Serions-nous des machines ? des ressources ? des objets de production ? des outils de management ? Est-ce cela, l'homme ? N'y a-t-il pas de véritables projets pour lui, des projets de croissance ? D'autant plus que nous savons aujourd'hui que l'efficacité est au rendez-vous de cette forme d'intelligence récemment découverte.

Cet ouvrage a interrogé notre intelligence, pour réfléchir sur l'utilité des concepts dans notre développement humain. Pour que notre intelligence devienne accessible à elle-même. Il nous a permis de prendre conscience de la façon dont chacun peut utiliser son intelligence globale, multiple, émotionnelle et des raisons pour lesquelles nous choisissons de ne plus nous arrêter de questionner nos propres questions.

Il nous a permis de comprendre que nos émotions sont des informations essentielles pour nous développer, sortir de nos conditionnements et redevenir nous-mêmes. C'est ce qu'ont toujours fait et continueront de faire les artistes dans leurs moyens d'expression. Ainsi que les philosophes, les spirituels, les scientifiques…

Il a expliqué que, pour faciliter ce changement de posture, nous devons réfléchir sur la nécessité de changer nos croyances, nos modes de pensée, nos habitudes, en nous ouvrant non seulement à la complexité de notre environnement, mais aussi à la complexité de notre expérience intérieure.

Après avoir contextualisé la performance dans l'entreprise, il nous en donne une perspective différente, qui renforce notre autonomie, notre épanouissement et l'élargissement de notre rôle dans l'entreprise et dans la société en général.

Annexes

Annexe 1

■ AFFIRMATION DE SOI ET COMPLEXITÉ

Quand la personne ou l'équipe s'affirme, s'exprime à partir de ses convictions, ses droits, ses ressentis et son identité, cette présence est ressentie par les autres. La personnalité est suffisamment souple pour accepter et laisser passer cette authenticité sans blocage, il y a cohérence entre intériorité et extériorité. En revanche, si la personne est fermée, en état de défense, l'individualité ne peut s'exprimer et la confiance mutuelle se réduit.

Les cadres vivent de plus en plus d'incertitudes et de situations, d'événements qu'ils ont du mal à maîtriser. Cela est dû à l'ouverture des marchés, aux nouvelles technologies, à la pression du court terme exercée par les actionnaires. La nécessité d'aiguiser son regard sur cette réalité complexe se fait sentir. En face de cela, être soi-même, c'est accepter ses propres incertitudes, sa propre complexité. Les ressources internes que nous possédons ne sont pas encore utilisées alors que la pression externe augmente. Nous devons équilibrer cette pression par une plus large utilisation de nos potentiels tels que la prise de conscience, et une plus grande maîtrise de nos états affectifs, en développant notre cohérence interne, en augmentant notre capacité à nous affirmer sans être obligés d'envahir l'autre ou de l'écraser, en apprenant à nous réaliser comme nous apprenons à lire et à écrire, en acceptant notre vulnérabilité, ce qui nous permet de construire des relations interpersonnelles riches et profondes...

Équilibre pression externe de l'environnement
et utilisation des ressources internes

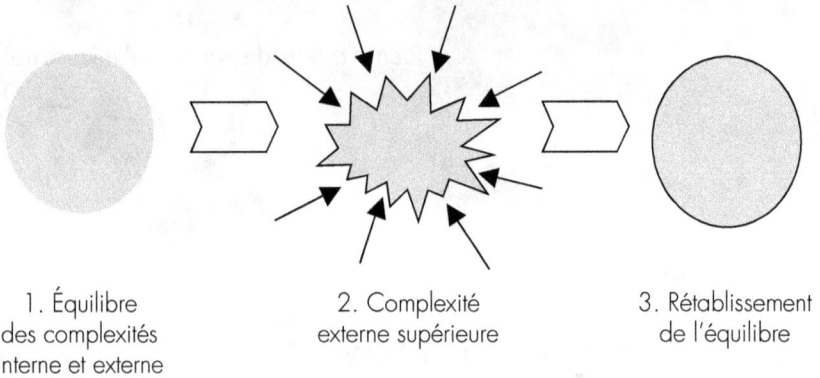

1. Équilibre
des complexités
interne et externe

2. Complexité
externe supérieure

3. Rétablissement
de l'équilibre

Il est souvent difficile d'agir sur la pression externe, qu'elle soit économique, sociale ou culturelle. Le développement émotionnel est une composante nécessaire pour rétablir cet équilibre interne/externe.

Comme l'a énoncé le cybernéticien William Ross Ashby[1], dans le principe de la variété requise, si le système interne représenté ici par le manager n'a pas une variété suffisante de comportements et d'états, il ne pourra ni comprendre ni conduire son environnement. Les cadres ont donc besoin de complexifier la configuration de leur système cognitif pour appréhender efficacement les problèmes de management et de direction. Pour cela, il est nécessaire de repenser ce qui a été pensé, de le conscientiser, d'avoir une écologie intellectuelle qui intègre l'acquisition de nouveaux modèles et l'abandon des modèles devenus inutiles. Au niveau affectif, plus l'émotion est consciente moins la croyance sous-jacente aura une emprise sur le manager. S'il peut augmenter son degré d'acceptation de l'incertitude et la peur qui est générée, alors il peut rester lui-même là où les autres sont débordés.

---

1. ASHBY William Ross, *Introduction à la cybernétique*, Dunod, 1958.

Or, notre système de croyances cartésien ne nous permet pas d'intégrer l'incertitude alors que c'est ce qui fait évoluer les managers et l'entreprise. Sans acceptation de l'incertitude, l'entreprise ne peut s'adapter, être proactive et créer. Il s'agit donc d'agir sur nos paradigmes, nos modes de pensée en même temps que sur notre aptitude affective à accepter le flou, le paradoxe et l'infinie complexité de la nature. La conscience et l'acceptation de notre complexité deviennent nécessaires pour franchir les limites de notre conditionnement.

De même, il est nécessaire de voir que nous avons tout à gagner à cohabiter avec la nature, avec la vie. Plutôt que de chercher à la dominer, essayons plutôt de percevoir son intelligence, sa complexité, sa richesse, sa capacité à nous aider et à nous réaliser.

L'intelligence de l'intelligence pourrait être d'embrasser la nature, de la respecter, de l'aimer et de comprendre qu'elle peut nous rendre tout cela multiplié.

Pour y arriver, nous avons à notre disposition un ensemble de modèles ouverts. Des modèles d'un ordre méta qui permettent à chacun de construire ses propres modèles. Des modèles capables d'équilibration, c'est-à-dire de régulation, d'adaptation et d'évolution. Les épistémologues qui étudient notre connaissance, la critiquent, la font évoluer, comprennent bien la nécessité d'adopter de nouveaux paradigmes pour nous libérer de notre connaissance et la libérer elle-même de ses limites.

La deuxième évolution pourrait être d'intégrer aux modèles l'absence de modèle ; à la certitude l'incertitude ; au formel l'informel ; au rationnel l'émotionnel ; à l'intellect l'intuitif. C'est-à-dire accepter l'idée de ne pas tout comprendre, tout maîtriser, tout juger, tout enfermer dans un modèle. Qu'il soit de niveau méta ou non.

Les instruments de la complexité

Constructivisme
Réalité inaccessible
Regard subjectif

Théorie quantique
Notre pensée agit
sur la réalité

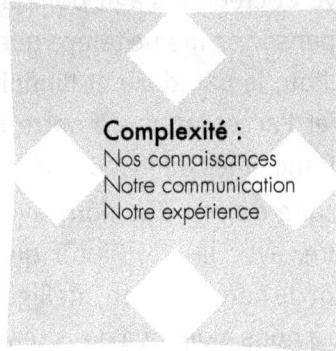

Complexité :
Nos connaissances
Notre communication
Notre expérience

Systémique
Méta-modèles ouverts et multiples
Description orientée objective

Sémantique générale
Influence des mots
sur notre réalité subjective

Annexe 2

■ LA VIE DES ÉMOTIONS

Malgré quelques divergences, les spécialistes s'accordent sur la définition des principales émotions, qui sont *la peine, la colère, le désir, le plaisir, le dégoût, la joie, la sérénité, la douleur, la peur et l'amour.*

Émotions agréables	Émotions désagréables
Amour	Peur
Joie	Peine
Sérénité	Colère
Plaisir	Douleur
Désir	Dégoût

Comme les couleurs, nous avons des émotions primaires à partir desquelles les autres sont composées. Derrière la peine ou la colère se trouve la peur. De même, derrière la joie ou le désir se trouve l'amour. Regardons de plus près les émotions de peine et de colère. Dans notre culture, les hommes ont souvent des difficultés à exprimer leur peine. Cette émotion leur permet pourtant d'expulser la tristesse quand survient la perte d'un travail ou celle d'un ami. Ces personnes ont souvent entendu dans leur enfance l'expression : « Ne pleure pas, tu es un homme ! » Malheureusement, il est fréquent que la peine continuellement réprimée se transforme en dépression chronique. Chez les femmes, c'est plutôt la colère qui est contenue. Or, une colère sans cesse réprimée devient de la rage. Ainsi, **une émotion réprimée, au lieu de disparaître, agit comme une bombe à retardement sur notre équilibre intérieur.** L'énergie qu'elle contient va « imploser » au lieu d'exploser et son intensité variera en fonction de l'intensité d'origine, de la durée de vie du système de croyances et des événements consécutifs qui l'on fait réapparaître.

Annexe 3

■ LES ÉTAPES DU DEUIL D' ELISABETH KÜBLER-ROSS

Elisabeth Kübler-Ross, célèbre médecin et psychothérapeute, a déduit de ses multiples observations que, lorsque nous sommes confrontés à une nouvelle traumatisante comme un deuil, nous vivons un cycle type d'états émotionnels. **Constitués de plusieurs étapes, le déni, la colère, le marchandage, la tristesse, lorsqu'ils ont été vécus, peuvent enfin être suivis par l'acceptation.**

Le processus de changement et les étapes
du deuil selon Elisabeth Kübler-Ross

Étapes	Recommandations
Déni : négation de la situation	Donner des faits, expliquer la situation et écouter
Colère : réaction immédiate face au danger	Laisser s'exprimer, écouter et signaler que cela a été entendu
Marchandage : pour annuler ou reporter l'événement traumatisant	Maintenir l'irrévocabilité du principe et rester ouvert sur les modalités de solution
Tristesse : dépression, manque d'énergie	Actions de soutien : structurer l'environnement, mettre à disposition des opportunités
Acceptation : soulagement, énergie	

Ce modèle est applicable à des changements collectifs aussi bien qu'individuels. Donner du sens à ces étapes et expliquer clairement les finalités et le sens du changement est un puissant facteur d'acceptation.

Cela signifie que si l'une des étapes, comme celle de la colère, est réprimée, l'individu aura des difficultés à accepter la nouvelle situation et fera tout, consciemment ou non, pour empêcher sa réalisation. Une émotion bloquée crée donc des résistances. Lors d'une situation difficile, par exemple la perte d'un emploi, le travail de coaching amène la personne à passer d'un état d'insécurité à un état d'enthousiasme, de courage, de joie. Selon Elisabeth Kübler-Ross, un tel événement s'apparente à un deuil et ce processus rejoint les étapes du deuil. Une fois ces étapes traversées, l'acceptation de sa déception, de sa frustration est possible et on peut recommencer à vivre, à passer à quelque chose de positif avec acceptation et joie.

Annexe 4

▨ CONFRONTATION ET AFFRONTEMENT DANS L'ENTREPRISE

Si nous observons les jeux de pouvoir d'une organisation, nous pouvons mesurer la capacité des acteurs à substituer la confrontation à l'affrontement ou le conflit à la violence. **Dans la confrontation ou le conflit, les interlocuteurs expriment leur propre point de vue et sont centrés sur eux-mêmes. En revanche, dans la violence ou l'affrontement, l'interlocuteur n'est pas considéré comme égal à soi et donc n'est pas digne d'intérêt.** Or dans la relation humaine, tout n'est pas blanc ou noir. La justesse dépend du point de vue que nous choisissons d'adopter. Apprendre à s'exprimer en étant centré sur soi permet d'éviter de la violence.

Dépasser la violence : une question de posture

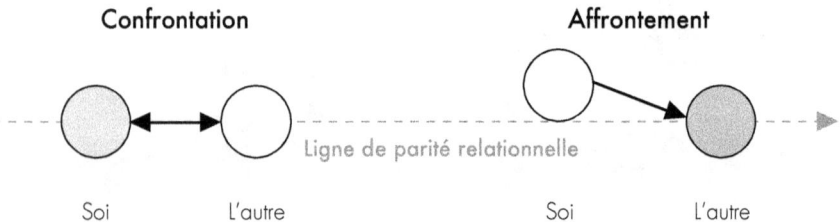

Confrontation	Affrontement
Soi L'autre	Soi L'autre

Ligne de parité relationnelle

© Groupe Eyrolles

Annexe 5

▓ COACHING ET INTELLIGENCE ÉMOTIONNELLE

Pour savoir si nous travaillons dans un **milieu émotionnellement « illettré »**, terme inventé par Claude Steiner[1], il suffit d'observer le niveau de stress, la fréquence des jeux de pouvoir, le degré de manipulation ou de harcèlement. Plus ces situations sont fréquentes, plus il est urgent de mettre en place des groupes d'alphabétisation émotionnelle afin de permettre aux salariés d'appréhender leurs émotions, c'est-à-dire d'observer les faits au lieu de juger, d'écouter l'autre au lieu de l'étiqueter…

Dans la pratique et au quotidien, quels sont les indicateurs et les informations dont nous disposons pour être autonomes ? C'est à nos émotions qu'il faut faire appel pour remonter à notre système de croyances, pour utiliser l'intelligence de nos émotions et provoquer les changements suffisants pour aligner nos pensées, nos émotions et nos actions.

Comme nous l'avons dit, être en accord avec nous-mêmes nécessite un ajustement continu entre les différentes parties qui nous composent. La première étape consiste à faire un choix qui s'appuie sur notre intuition, par exemple, choisir quel professionnel je souhaite être de la manière la plus précise possible. Ensuite, savoir et visualiser ce professionnel en situation, en décrivant ses possibilités avec des images précises. Puis, identifier nos sentiments. Sont-ils agréables ou désagréables ? Y a-t-il des émotions ? Enfin, lâcher prise et nous mettre en état de réceptivité par rapport aux expériences, événements et opportunités qui se présentent à nous.

Comme tout système, le coaching se doit d'avoir une utilité individuelle, collective et/ou sociale. Il semble se lancer un triple défi. Un premier défi consiste à accompagner pour développer l'autonomie. Qu'est-ce que **l'autonomie** ? Pourquoi parle-t-on de plus en plus

---

1. *L'ABC des émotions*, *op. cit.*

d'autonomie dans les écoles, les entreprises, les institutions ? Son deuxième défi pourrait être **l'intelligence**, au sens cognitif et émotionnel. Enfin, le troisième serait **le sens**. Quel est le sens de l'individu, de l'entreprise, de la nation ou encore de l'humanité ?

Bibliographie

OUVRAGES

ASHBY William Ross, *Introduction à la cybernétique*, Dunod, 1958.

BAR ON Reuven, *The Handbook of Emotional Intelligence*, Jossey-Bass, 2000.

BATESON Gregory, *Vers une écologie de l'esprit* (2 tomes), Le Seuil, 1995.

BERNARD Fabienne, *L'Intelligence plurielle*, Vuibert, 2007.

BENNIS Warren G., GOLEMAN Daniel P., CHERNISS Cary, *The Emotionally Intelligent Workplace*, Jossey-Bass, 2001.

BOURBEAU Lise, *Écoute ton corps*, Éditions E.T.C. INC, 1987.

CARDON Alain, *Coaching d'équipe*, Éditions d'Organisation, 2003.

CARUSO David R. et SALOVEY Peter, *The Emotional intelligent Manager*, Jossey-Bass, 2004.

CHABOT Daniel et Michel, *Pédagogie émotionnelle*, Trafford, 2005.

CLAEYS BOUAERT Michel, *Pratique de l'éducation émotionnelle – une approche ludique*, Le Souffle d'or, 2004.

COVEY Stephen R., *Les 7 Habitudes*, First, 1997.

CSIKZENTMIHALYI Mihaly,
   La Créativité, Robert Laffont, 2006.
   Vivre, Robert Laffont, 2004.

DAMASIO Antonio, *L'Erreur de Descartes*, Odile Jacob, 1995.

DELIVRÉ François, *Le Métier de coach*, Éditions d'Organisation, 2002.

DEVILLARD Olivier, *La Dynamique des équipes*, Éditions d'Organisation, 2000.

DONNADIEU Gérard, KARSKY Michel, *La systémique, penser et agir dans la complexité*, Éditions Liaisons, 2004.

DURAND Daniel, *La Systémique*, PUF, « Que sais-je ? », 2004.

EDWARDS Betty, *Dessiner grâce au cerveau droit*, Mardaga, 2004.

FILLIOZAT Isabelle, *L'intelligence du cœur : Confiance en soi, créativité, aisance relationnelle, autonomie*, Marabout, 1998.

FROMM Erich, *Avoir ou Être – Un choix dont dépend l'avenir*, Robert Laffont, 1978.

GARDNER Howard, *Les Intelligences multiples*, Retz, 2004.

GÉNELOT Dominique, *Manager dans la complexité*, Insep, 2003.

GENDLIN Eugène, *Focusing – au centre de soi*, Éditions de l'homme, 2006.

GOLEMAN D., BOYATZIS R., MCKEE A., *L'Intelligence émotionnelle au travail*, Village Mondial, 2002.

GOLEMAN Daniel, *L'Intelligence émotionnelle* (2 tomes), J'ai lu, 1998 et 2000.

GORDON Thomas, *Relations efficaces*, Le Jour, 1996.

GROSJEAN Daniel et SAUZÈDE Jean-Paul, *Trouver la force d'oser*, InterÉditions, 2008.

HAAG Christophe et SÉGUÉLA Jacques, *Génération QE*, Pearson, 2009.

HOURST Bruno, *À l'école des intelligences multiples*, Hachette, 2006.

HOURST Bruno et PLAN Denis, *Management et intelligences multiples*, Dunod, 2008.

HUDSON Frederic, *The Handbook of Coaching*, Jossey-Bass, 1999.

KORZYBSKI Alfred, *Une carte n'est pas le territoire*, L'Éclat, 1998.

KOTSOU Ilios, *Intelligence émotionnelle et management*, De Boeck, 2008.

KOURILSKI Françoise, *Du désir au plaisir de changer*, Dunod, 2004.

KRISHNAMURTI, *Le Sens du bonheur*, Stock, 2006.

KUHN Thomas, *La Structure des révolutions scientifiques*, Flammarion, 1983.

LARIVEY Michelle,
   La Puissance des émotions, Éditions de l'homme, 2002.
   Le Défi des relations, Éditions de l'homme, 2004.

LE MOIGNE Jean-Louis, *La Théorie du système général*, PUF, 1990.

LENHARDT Vincent, *Les Responsables porteurs de sens*, Insep, 1995.

LUSSATO Bruno, *La Théorie de l'empreinte*, ESF, 1991.

MACLEAN Paul D., *Les Trois Cerveaux de l'homme*, Robert Laffont, 1990.

MALAREWICZ Jacques-Antoine, *Systémique et entreprise*, Village mondial, 2000.

MARC Edmond, *L'École Palo Alto*, Retz, 1984.

MASLOW Abraham,
   Vers une psychologie de l'être, Fayard, 1972.
   L'Accomplissement de soi, Fayard, 2008.

MINTZBERG Henry, *Le Manager au quotidien*, Éditions d'Organisation, 1984.

MORIN Edgar,
   Introduction à la pensée complexe, ESF, 1991.
   La Méthode (6 tomes), Le Seuil, 1977- 2004.
   Les Sept Savoirs nécessaires à l'éducation du futur, Le Seuil, 2000.

MULLER Jean-Louis et BALTA François, *La Systémique avec les mots de tous les jours*, ESF, 2006.

NHAT HANH Thich, *Transformation et guérison*, Albin Michel, 1999.

PERLS Friedrich, *Gestalt-thérapie*, Stanké, 1979.

PRIGOGINE Ilya et STENGERS Isabelle, *La Nouvelle Alliance*, Folio, 1979.

ROGERS Carl, *Le Développement de la personne*, Dunod, 1988.

ROSENBERG Mashall, *Les mots sont des fenêtres*, Syros, 1999.

ROSNAY Joël (de),
   L'Homme symbiotique, Le Seuil, « Points », 2000.
   Le Macroscope, Le Seuil, « Points », 1977.

SALOMÉ Jacques,
   Heureux qui communique, Albin Michel, 1998.
   Pour ne plus vivre sur la planète Taire, Albin Michel, 2004.

SALOVEY Peter, MAYER John, *Emotional Intelligence, Imagination, Cognition and Personality*, Baywood Publishing Company, 1990.

SCHUTZ WILL, *L'Élément humain*, InterÉditions, 2006.

SÉNÈQUE, *Lettres à Lucilius*, Livre VIII, Lettre 71, Pocket, « Agora des classiques ».

SENGE Peter, *La Cinquième Discipline*, First Éditions, 1991.

SERVAN-SCHREIBER David, *Guérir*, Robert Laffont, 2003.

SHELDRAKE Rupert, *Le Septième Sens*, Éditions du Rocher, 2004.

SOUZENELLE Annick (de), *L'Arbre de vie*, Dangles, 1982.

STACKE Édouard, *Coaching d'entreprise*, Village mondial, 1995.

STANISLAVSKI Constantin, *La Formation de l'acteur*, PBP, 2001.

STEINER Claude, *L'ABC des émotions*, InterÉditions, 1998.

THOM René, *Paraboles et catastrophes*, Flammarion, 1983.

THORNDIKE E.L., « Intelligence and its uses », *Harper's Magazine*, n° 140, 1920.

VILLARD Olivier (de),
  Coacher, Dunod, 2001.
  La Dynamique des équipes, Éditions d'Organisation, 2000.

WALSCH Neal D., *Conversation avec Dieu* (3 tomes), Ariane, 1997-1999.

WATZLAWICK Paul, NARDONE G., *Stratégie de la thérapie brève*, Le Seuil, 2000.

WATZLAWICK Paul,
  L'Art du changement, L'esprit du temps, 1996.
  L'Invention de la réalité, Le Seuil, 1998.

WECHSLER D., *The Measurement and Appraisal of Adult Intelligence*, Williams and Wilkins, 1958.

Table des matières

www.ingramcontent.com/pod-product-compliance
Lightning Source LLC
Chambersburg PA
CBHW061201220326
41599CB00025B/4561